Öffentlichkeitsarbeit

Handbuch für
Konzeption, Text, Gestaltung

Hilmar Dahlem
Alfred L. Lorenz
Michael Rasch

Mit Beiträgen von
Meinhard Motzko
Victor Malsy
Eckhard Möller

Inhaltsverzeichnis

3 Von Augentieren und Öffentlichkeitsarbeitern.

Teil 1: Geschichten und Erfahrungen.

4 »Wir wollten eine eigenständige Form von Öffentlichkeitsarbeit.«
Drei IG Metaller erzählen im Interview von ihren Erfahrungen im Umgang mit der Macht, im Erlangen von Macht und von ihrer Machtlosigkeit

10 »Irgendwie sind wir im Großhandel doch alle Hamster.«
Die Geschichte vom Pfefferhamster und seinem Revier: der ›Zone ohne Tarif‹, kurz ›ZoT‹ genannt.

16 »ZiK ist keine Hexerei.«
Wenigen gelang, was viele wollen: Eine Zeitung machen, die auch gelesen wird. ›ZiK‹ steht für ›Zeitung im Krankenhaus‹, einer Bremer Gewerkschaftszeitung.

28 »Etwas von unten entwickeln.«
KandidatInnen der Gewerkschaft ÖTV planten in vier Bremer kommunalen Kliniken einen ›Gemeinsamen‹ Wahlkampf zur Personalratswahl.

Teil 2: Kurz und bündig.

54 Grafik-Lexikon zu Konzeption, Text und Gestaltung.
Von A wie Absender bis Z wie Zielgruppe.

Die Deutsche Bibliothek – CIP Einheitsaufnahme
Öffentlichkeitsarbeit: Handbuch Konzeption, Text, Gestaltung
/ Hilmar Dahlem... – Bremen: Sachbuchverl. Kellner, 1993
ISBN 3–927155–00–4   NE: Dahlem, Hilmar

© 1993   Alle Rechte beim SachBuch Verlag Kellner
Schönhauserstr. 17, 28203 Bremen
Fon: 04 21/7 78 66, Fax: 70 40 58

Idee & Realisierung: PraxisInstitut für Öffentlichkeit
Richard-Wagner-Str. 11-13, 28209 Bremen
Fon: 04 21/34 00 91, Fax: 3 49 92 67

Gestaltung: Victor Malsy und Eckhard Möller

Von Augentieren und Öffentlichkeitsarbeitern.

Der Mensch ist ein Augentier, heißt es. 80% seiner Informationen nimmt er mit den Augen auf. Information ist daher nicht allein das, was in einem Text, einer Überschrift buchstäblich geschrieben steht. Information liefert auch die Gestaltung, die äußere Form eines Textes. Die Form, die Aufmachung ist die erste Tür zum Inhalt. Und wenn diese erste Tür durch eine langweilige Gestaltung, einen fehlerhaft geschriebenen Text oder schlechte Fotos versperrt ist, werden nur wenige Menschen zu den wichtigen Inhalten vordringen wollen. Es ist nun mal so: Im Informationsdschungel nehmen wir am ehesten das in unser Bewußtsein auf, bleibt am nachhaltigsten das in unseren Köpfen hängen, was pfiffig, was »reiz«end gestaltet und getextet ist.

Dieses Handbuch will bei der Öffentlichkeitsarbeit praktische Hilfen geben. Es will zeigen, wo und wie sich Medien sinnvoll einsetzen lassen und worauf beim Schreiben und Gestalten zu achten ist.

Teil 1 stellt vier Geschichten aus dem täglichen Leben vor. Geschichten von Menschen, die in ihren Institutionen politisch etwas bewegen wollten und dafür Öffentlichkeitsarbeit als wichtiges Mittel erkannten und einsetzten. Die Geschichten schildern Öffentlichkeitsarbeit als kreativen, lebendigen Prozeß mit häufigen Wechselbädern. Zeigen, daß ein kreativer Prozeß manchmal auch ein chaotischer Prozeß sein kann, bei dem am Ende etwas anderes herauskommt, als man sich am Anfang vorstellte. Nicht zuletzt wollen diese vier Geschichten Neugierde wecken, wollen Mut machen, sich der Mittel von Öffenlichkeitsarbeit und visueller Gestaltung zu bedienen. Nach dem Motto: »Schaut her, da gab's Leute, die standen vor ähnlichen Aufgaben wie wir, hatten ähnliche Bedingungen wie wir. Toll, was die geschaffen haben.«

Teil 2 liefert ein Grafik-Lexikon, in dem Begriffe aus den Bereichen Medien, Konzeption, visuelle Gestaltung und Texten/Schreiben nachgeschlagen werden können. In kurzen Erläuterungen und/oder Abbildungen liefert es notwendiges Wissen, gibt in Bild- und Textbeispielen Hinweise und Tips für den Alltag.

»Etwas von unten entwickeln.«

Ein klarer Auftrag: ›Gemeinsamer‹ Wahlkampf zur Personalratswahl. Das planten die KandidatInnen der Gewerkschaft ÖTV in den vier Bremer kommunalen Krankenhäusern. Gebraucht wurde eine Wahlkampagne, die Verbindungen herstellte, die das Gemeinschaftsgefühl der Beschäftigten ansprach und Zukunftsorientierungen deutlich machte. Konzept, Motto, wesentliche Inhalte, Medien und Umsetzung – in einer Woche sollte das Gerüst der Kampagne stehen. Mit diesem Ziel nahm ein halbes Dutzend KollegInnen aus den Bremer Kliniken an einem Wochenseminar »Informationsgestaltung« teil. Am Ende der Woche stand die Kampagne. Als sie einige Monate später tatsächlich lief, stellten nicht nur die Beteiligten fest:«Das war ein echter Renner.«

Die Vorgeschichte
Ähnliche Probleme vor Ort in den Krankenhäusern, vergleichbare Auseinandersetzungen mit Arbeitgebern und eine Veränderung der Rechtsform, die aus den kommunalen Kliniken Bremens sogenannte »Eigenbetriebe« machte. In vielen Punkten hatten dort Personalräte und GewerkschafterInnen in den vergangenen Jahren gleiche Erfahrungen gemacht. Man war sich näher gekommen. Plante, diskutierte und handelte gemeinsam. Gleichzeitig veränderten sich die Gremien der Interessenvertretung. »Konservative Kräfte«, so beschreibt einer der Mitwirkenden die Entwicklung, »die zu sehr mit den Arbeitgebern paktierten, wurden abgelöst.« In den Personalräten der Krankenhäuser Bremen-Ost, St.-Jürgen-Straße, Links der Weser und Bremen-Nord vollzog sich, zeitlich versetzt, ein Generationswechsel: neue Leute mit einer offeneren Auffassung von Personalratsarbeit bestimmten mehr und mehr das Bild. Es wurde freier diskutiert und demokratischer entschieden.

Das veränderte Klima, die zahlreichen Auseinandersetzungen – aus vielen Gründen interessierte man sich in den vier Kliniken sehr für diese Personalratswahlen. Deshalb wollten die KandidatInnen einen besonderen Wahlkampf führen. »Es gab«, erzählt Bärbel Pukall, »bei einigen die Vision: wenn man sich hinsetzt, schafft

man eine Kampagne, die in allen Häusern gleich läuft.«
Eine Kampagne, die eine Konkurrenz zwischen den Beschäftigten der vier Kliniken verhindert, Verbindungen herstellt und positive Ziele für die nächsten Jahre formuliert. »Wir wollten«, beschreibt sie den Ansatz, «etwas von unten entwickeln.«

Der Anfang
Einige der Beteiligten brachten Erfahrungen in Öffentlichkeitsarbeit mit. Und dennoch fiel der Start nicht leicht. »Wir überlegten zunächst«, erinnert Bernd Siebein, «unter welchem Motto das laufen kann.« Welches Wort bringt die Stimmung in den Krankenhäusern, die Orientierung der Kampagne auf den Punkt? Ein Prozeß, so Ralf Witte, der »total anstrengend« war. Vier lange Stunden arbeitete man sich in einer Brainstorming-Aktion an einem entsprechenden Begriff heran. Überall hingen Wandzeitungen mit Substantiven und Sätzen, Adjektiven, Verben und Parolen. »Die aberwitzigsten Sachen«, berichtet Bernd Siebein, «haben wir rausgesucht.« Man formulierte und verteidigte, verwarf, diskutierte und wählte aus. Am Schluß blieb ein Wort übrig: ›Gemeinsam‹. Doch so richtig überzeugte das zunächst nicht. Löste ›Gemeinsam‹ nicht zuviele negative Assoziationen aus? »Gemein..., Gemeinsam einsam«... Zweifel machten sich breit. »Erst«, so Bärbel Pukall, «hatten wir mit ›Gemeinsam‹ ziemlich Bauchschmerzen.« Bis dann jemand sagte: »Gemeinsam Punkt«. Damit war man auf dem richtigen Weg: durch Schriftwahl und optische Gestaltung des Logos sollten die positiven Anteile von ›Gemeinsam‹ hervorgehoben werden und in den Köpfen entsprechende Bilder geweckt werden.

    Man suchte eine passende Schrift. ›Gemeinsam‹ in allen Variationen. »Helvetica« oder »Univers«? »Times« oder »Letter Gotic«? »Mager«? »Halbfett«? »Shadow« oder »Kursiv«? Wieder vergingen Stunden. Keine Schrift schien zu passen. Bis man endlich feststellte, daß eine einfache (mit Fotokopierer vergrößerte) Schreibmaschinen-Schrift die beste Lösung ist. Dazu der

›**Gemeinsam**‹
in Helvetica fett

›*Gemeinsam*‹
in Univers cond. kursiv

›**Gemeinsam**‹
in Times fett

4 ■ 5

Gemeinsam.

Punkt als Erkennungszeichen der Kampagne. Jetzt stellte sich endlich die gewünschte Wirkung ein. »Nun«, erläutert Bernd Siebein, »folgte das nächste Element: ein 15-Grad-Balken mit dem Hinweis PR-Wahl und Datum. Das war dann das entwickelte Logo.«

Das Handwerk

Ein Logo macht noch keine Kampagne. Aber in der Diskussion darum hatten sich auch die Vorstellungen von den Grundzügen der Kampagne geklärt. »Der Rest«, so Bernd Siebein, »ging dann relativ schnell. Das war dann einfach auch ein bißchen Handwerk. Der kreative Prozeß, das war der Teil, wofür wir am längsten gebraucht haben.« Zu tun blieb allerdings noch einiges: Es mußte ausprobiert werden, in welcher Farbkombination das Logo am besten wirkt. Welche Farbe hat das Papier, welche Farbe das Logo? Welche Medien werden verwendet? Wo erscheint das Logo auf diesen Medien?

Schließlich entschied man sich für ein rotes Logo auf gelbem Grund. Auf Buttons und Aufklebern sollte es in den Krankenhäusern verwendet werden. Auch auf den anderen Medien war es zu sehen: auf den Flugblättern, die die Wahlkampagne erläutern sollten, auf den Faltblättern für Auszubildende, Frauen, Pflegedienst und andere spezielle Zielgruppen. Auf Wahlprogrammen und den Plakaten mit dem Gruppenfoto der KandidatInnen – überall sorgte das Logo für den Wiedererkennungseffekt.

Die Kampagne verwendete viele verschiedene Medien. Neben den zentralen Materialien, die in allen Krankenhäusern erschienen, ließ die Medienplanung auch Platz für örtlich verschiedene Materialien. Sie wurden direkt in den Kliniken nach den jeweiligen Schwerpunkten der Arbeit gestaltet. »Außerdem«, erläutert Bernd Siebein den Planungsansatz, »legten wir Wert darauf, nicht einfach Propaganda zu machen. Wir wollten relativ viel Inhalt rüberbringen.«

Wichtig für den Effekt der ›Gemeinsamkeit‹ war, daß trotz dieser Medienfülle, ein klares Erscheinungsbild deutlich wurde. Deshalb legte man für die

Gestaltung aller Medien Regeln fest. Ob Flugblatt, Faltblatt oder Plakat – bei der individuellen Gestaltung der Medien in den Krankenhäusern sollten sie später strikt eingehalten werden: Papierformat und -farbe, Schrifttypen für Überschrift und Fließtext, Farbe der Schrift, Satzspiegel und wo das Logo auf dem jeweiligen Medium plaziert wird.

Damit nicht genug. Es folgte ein detaillierter Zeitplan: Herstellungs-, Druck- und Erscheinungstermine lagen für jedes Medium fest. Auch die Tage für Versammlungen, Aktionen und Feste erschienen im Ablaufplan. »Wir haben richtig am Kalender entlang nachgedacht«, erinnert sich Ralf Witte, »wann und wie kommt welches Element in den Wahlkampf.« Beinahe rund um die Uhr arbeitete die Gruppe am Konzept der Kampagne. »Wir haben dort Raum und Zeit vergessen«, schildert Bernd Siebein die gute Arbeitsatmosphäre, »das war 'ne geile Sache.« Am Ende der Seminar-Woche im sauerländischen Niedersfeld stand der Rahmen. »Mit dem Gefühl«, so die Beteiligten im Rückblick, »das man mit dieser Kampagne den Leuten so richtig was anbieten kann, fuhren wir zurück.«

Die Umsetzung

In Bremen machte sich die Planungsgruppe an die Umsetzung. Zunächst erstellte man eine Medienmappe. Sie enthielt Reinzeichnungen der verschiedenen Medien, versehen mit Satz- und Gestaltungsregeln sowie einen Zeitplan. »Damit«, erläutert Bärbel Pukall, »gingen wir in zwei Richtungen.« Zum einen präsentierte man die Kampagne bei der Kreisverwaltung der ÖTV, besorgte dort Zustimmung und Geld. Zum anderen stellte man ›Gemeinsam‹ in den Gewerkschaftsgruppen der Krankenhäuser vor. Denn damit der gute Plan vom Papier in die Praxis kam, mußten dort Abläufe erläutert, Strukturen aufgebaut, Aufgaben verteilt und Verantwortlichkeiten festgelegt werden.

*Runder Button,
Aufkleber und ein
schmales DIN A4
Faltblatt der einzelnen
Betriebsgruppen.*

Das Ergebnis
Ein paar Pannen, kleine Mißverständnisse und einige Schwierigkeiten, die nicht vorhersehbar waren: die gründliche Vorbereitung sorgte trotzdem dafür, daß die Wahlkampagne in allen vier Kliniken fast genau wie geplant lief. Bereits während des Wahlkampfs zeigte die Kampagne Wirkung. »Sie sorgte dafür«, so Bernd Siebein, «daß eine gute Stimmung verbreitet wurde. Man rückte deutlich enger zusammen. Auch die Leute, die zwar eigentlich das gleiche wollten, sonst aber eher dazu neigten, sich in internen Streitigkeiten zu verzetteln, haben sich bemüht, das ›Gemeinsam‹ umzusetzen.« Eine Atmosphäre entstand, die das Selbstbewußtsein der Beschäftigten stärkte – und sich auch in den Wahlergebnissen niederschlug. Das »kleine Establishment«, das in manchen Kliniken noch die Personalratspolitik beeinflußt hatte, wurde nun abgewählt. Stattdessen erhielten z. B. im »Links der Weser« die Frauen, die die ›Gemeinsam‹-Kampagne besonders engagiert umgesetzt hatten, die meisten Stimmen. Ähnlich auch die Ergebnisse in den anderen Krankenhäusern. Wer sich für ›Gemeinsam‹ stark gemacht hatte, wurde gewählt.

Zum ersten Mal lief die Kampagne 1988. Mittlerweile ist sie in die zweite Runde gegangen. Weil ›Gemeinsam‹ so erfolgreich war und weil alle sich noch gerne daran erinnerten, gingen die KandidatInnen der ÖTV in den Kliniken auch 1992 damit in den Wahlkampf. Die Grundzüge und Abläufe der Kampagne waren in vielen Köpfen noch so präsent, daß sie innerhalb weniger Wochen wieder auf die Beine gestellt werden konnte. Eine erfolgreiche Wiederholung. Das Konzept machte es möglich. Nun, da sind sich alle Beteiligten einig, muß man allerdings aufpassen, daß aus dem Renner ›Gemeinsam‹ kein kräftezehrender Marathon wird.

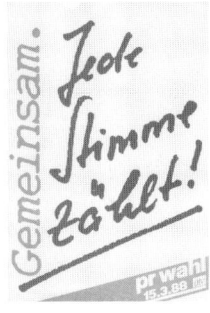

Für das Schwarze Brett: ›Gemeinsam‹ auf einem DIN A3 Plakat, ein gelbes DIN A4 Blatt mit roter Schrift.

»Irgendwie sind wir im Großhandel doch alle Hamster.«

»Eigentlich wollten wir ja eine Zeitung machen«, berichtet Martin Rzeppa. Damit wollte ein kleiner Kreis von Aktiven die Situation im Bremer Großhandel verändern. Denn schlecht bezahlt und vielfach ohne Tarifverträge hatten die Beschäftigten dort wenig zu lachen. Doch als man sich intensiver mit Zielsetzung und Konzeption beschäftigte, kam etwas anderes heraus. Unter dem Motto »Zone ohne Tarif«, kurz ›ZoT‹ genannt, entstand eine Kampagne, die die verstaubten Verhältnisse im Großhandel tüchtig durcheinanderwirbelte. Und für die Beteiligten eine ganz neue Aktionsform: projektorientiertes Engagement. Zeitlich und inhaltlich begrenzt – aber sehr erfolgreich.

Etwa 30.000 Beschäftigte arbeiten im Bremer Großhandel, davon ein hoher Anteil Frauen und Angestellte. Seit Jahren, so Martin Rzeppa, herrscht hier der gleiche Zustand: niedrige Löhne, ungerechte Gehaltsfestsetzungen, zu lange Arbeitszeiten, unbezahlte Überstunden. Nur in wenigen Betrieben bestehen überhaupt Vereinbarungen – und selbst deren Anwendung ist oft fraglich. Ein paar Betriebsräte hier, ein paar aktive GewerkschafterInnen dort. Gelegentlich werden Infos und Flugblätter verteilt. Man verteidigt den Status quo, kommt aber nicht darüber hinaus. Mit den üblichen Aufrufen, Verlautbarungen und Versammlungen läßt sich die Mehrzahl der Beschäftigten nicht erreichen.

Man suchte nach neuen Wegen. Die Idee einer Zeitung entstand. Dies schien die naheliegendste Form, um Informationsdefizite zu beheben und Ansätze einer anderen Mobilisierungsstrategie zu entwickeln. Doch als sich einige HBV-KollegInnen mit diesem Plan an das PraxisInstitut wandten und auf einem Tagesseminar im Herbst 1990 Nägel mit Köpfen machen wollten, kam alles ganz anders. Die ursprünglich so klare Vorstellung verschwand in weiter Ferne: warum denn 'ne Zeitung? Mit welchem Ziel? Wie kann man die Zielgruppe beschreiben? Was läßt sich zum Ist-Zustand sagen? Welcher Soll-Zustand wird angestrebt? Und, und, und...

Je klarer diese Analyse wurde, desto kontroverser diskutierte man, welche Medien in Frage kommen. Ist eine Zeitung überhaupt geeignet? Einige bezweifelten das nun. Sie setzten jetzt auf Plakate, die man als Wandzeitungen einsetzen kann. Andere hielten an einer »richtigen Zeitung« fest. Meinungen prallten aufeinander. Die Gruppe teilte sich in zwei Lager. Nach einigem Hin und Her ging dann doch beides: »Wir beginnen mit einer Serie von Plakatzeitungen und machen dann eine normale Zeitung, die durch andere Medien ergänzt wird«, erläutert Jutta Friemann den Kompromiß. Alles sollte in einem begrenzten Zeitraum laufen, begleitend zu den Verhandlungen für Tarifverträge in einigen Großhandelsbetrieben. Aus der ursprünglichen Zeitungs-Idee entwickelte sich eine Kampagne.

Damit die Kampagne erkennbar wurde, brauchte sie ein Erkennungszeichen. Es verband die verschiedenen Medien und Aktivitäten miteinander, schuf Identifikations- und Wiedererkennungsmöglichkeiten in der Flut der täglichen Informationen. So entstand der Hamster als Sympathieträger: «Denn«, beschreibt Martin Rzeppa die Assoziationskette, »irgendwie sind wir im Großhandel doch alle Hamster. Ob Gewerkschaftshamster, oder Abteilungshamster, ob Lagerhamster, Abschnittshamster, Computerhamster... Eben eine große Hamster-Familie – wir lagern, sortieren, handeln und sorgen dafür, daß immer alles da ist, was gebraucht wird. Und dann gibt es da natürlich noch die Pfefferhamster, das sind die Bremer Pfeffersäcke.« Zusätzlich zum optischen Erkennungszeichen mußte die Kampagne auch inhaltlich auf den Punkt gebraucht werden. »Was wir brauchten«, erläutert Michael Rasch, »war was kurzes, knackiges, was nicht so schrill klingt. Etwas, das sich wegen der Kürze einprägt und wo die Menschen im Großhandel nachfragen, was ist das eigentlich.« Es wird gesponnen. Was wäre wenn... Versuche, die Situation in Bildern zu beschreiben: Das Leben in einer Zone, rundherum ein Zaun und in der Zone gibt es etwas nicht, was alle haben wollen: Tarifverträge. »Zone«..., »ohne«...

Der Hamster als Sympathieträger und Wiedererkennungsmerkmal der Kampagne.

muß weg!

Und plötzlich sagte jemand ›ZoT‹ - und das Logo war da. ›ZoT‹, freut sich Martin Rzeppa, »ist einfach über uns gekommen.«

Mit Wandzeitungen startete die Kampagne im April 1991 in etwa 40 Betrieben des Bremer Großhandels. Die erste Zeitung folgte im Juni 1991. »Auf einer gut fundierten Basis«, so Jutta Friemann, »entwickelte sich die Kampagne«. Plakatzeitungen wurden in bestimmten Abständen immer an die selben Stellen gehängt. Als erstes wurde so der Zustand mit und ohne Tarifvertrag gegenübergestellt. Auf einem zweiten Plakat beleuchtete die »Rede des Pfefferhamsters« die Ursachen der Ungerechtigkeit, während das dritte Plakat die Begründung für die ›ZoT‹-Kampagne lieferte. »Im Gegensatz zu anderen gewerkschaftlichen Plakaten«, erzählt Martin Rzeppa, »wurden diese Medien tatsächlich in den Betrieben ausgehängt.«

Besonders die »Rede des Pfefferhamsters« sorgte für Aufregung. Der Bremer Edeka-Vorstand Günther Jahn verlor bei dessen Anblick die Nerven und nahm alle Plakate im Betrieb ab. Die HBV lieferte Nachschub. Plakat aufgehängt, Plakat abgerissen. Eine Woche ging es hin und her. Auch draußen vor dem Betrieb klebten mittlerweile die »Pfefferhamster«. Die Kontroverse erregte öffentliches Aufsehen. Da dämmerte den Edeka-Chefs langsam, daß man sich ganz schön lächerlich gemacht hatte. Kenner der Szene vermuteten später, der Vorstandsvorsitzende habe sich als Pfefferhamster wiedererkannt. Kein Wunder, daß nun der Hamster auch in der ersten ›ZoT‹-Zeitung (Titel »da war doch was«) zu sehen war.

Auch diese Zeitung, die insgesamt viermal während der Kampagne erschien, versuchte, zielgruppenorientiert zu arbeiten. »Im Vordergrund«, so eine der Beteiligten, »stand bei der Zeitung, wie auch bei der gesamten Kampagne, daß wir nicht mit dem dicken Gewerkschaftsstempel auf der Stirn daherkommen wollten. Wichtiger war uns, die Bedürfnisse der Leute anzusprechen.« Bei Inhalt und Gestaltung, bei Auswahl von Farben und Formaten wurde dieser Grundsatz befolgt.

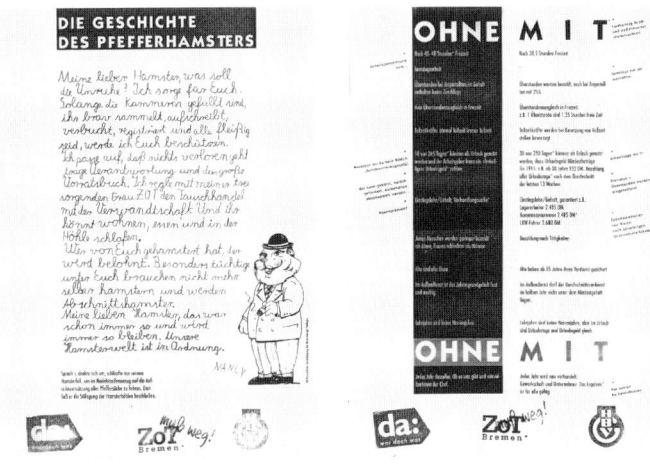

Daher wurde z.B. ein ungewöhnlich kleines Format gewählt. So paßte die Zeitung in jede Kitteltasche und konnte bei jeder Gelegenheit gelesen werden. Auch inhaltlich unterschied sich »da war doch was« von anderen Gewerkschaftspublikationen. »Dort«, kritisierten die ›ZoT‹-RedakteurInnen, »werden Meinung, Nachricht und offizielle Verlautbarung ständig miteinander vermischt.« Stattdessen machten sie es zur ihrem obersten Prinzip, »dies alles zu bringen, aber mit erkennbarer Trennung.« Fotos spielten als Nachrichten- und Gestaltungsmittel eine wichtige Rolle. Berichte über die Menschen, die im Großhandel arbeiten, sollten persönliche Bezüge herstellen. Und auch Kultur, Satire und Spaß durften nicht fehlen. »Wichtig«, so Jutta Friemann, »war es, deutlich zu machen, daß wir auch über uns selbst und die Gewerkschaft lachen können.«

Für die Herstellung aller Medien der ›ZoT‹-Kampagne bildete die Zeitungsredaktion den harten Kern. Von hier aus wurde die gesamte Kampagne, begleitet von professionellen Öffentlichkeitsarbeitern, Schritt für Schritt in die Tat umgesetzt. Spontan entstanden dabei, zusätzlich zur ursprünglichen Planung, weitere Medien: für die Bürotüren im Großhandel Türhänger mit der Aufschrift »ZoT – do not disturb«, wie

»Die Geschichte des Pfefferhamsters« und »OHNE / MIT«: Zwei Plakatzeitungen, DIN A2 groß und immer an die selben Stellen gehängt, zeigten Wirkung.

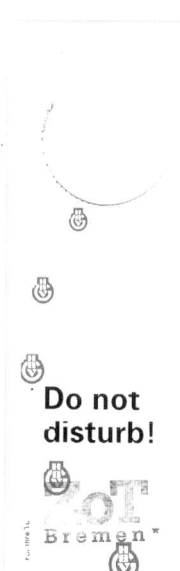

man sie aus den Hotels kennt. Sie zeigten, daß man hinter diesen Türen am liebsten ungestört weitermachen möchte. Wie bisher. Und die Weihnachtszeit wurde beachtet: ein Adventskalender erschien, hinter dessen Türchen sich die unterschiedlichsten Hamster oder Hamsterparolen verbargen.

›ZoT‹ wirbelte im Bremer Großhandel einigen Staub auf. »ZoT und der Hamster«, so Jutta Friemann, »sind dort mittlerweile zu einem festen Begriff geworden. Sie haben etwas in Bewegung gebracht.« Das Thema Bezahlung, Arbeitszeit und Urlaub steht wieder auf der Tagesordnung. In einigen Betrieben schlägt sich dies bereits in Vereinbarungen nieder. Dort wurde z.B. die Abschaffung der 40-Stunden-Woche, die Zahlung von Mindestlöhnen und Urlaubsgeld geregelt. Bei den Großhandelsfirmen Edeka Bremen und ANZAG gelang sogar der Abschluß von Tarifverträgen. »Bei der ANZAG«, erläutert Martin Rzeppa, »wurde sogar ein mustergültiger Tarifvertrag abgeschlossen.« Denn hier gelang es im Verlauf der ›ZoT‹-Kampagne, weit über die Hälfte der Beschäftigten gewerkschaftlich zu organisieren. Auch ein Streik wäre dort möglich gewesen. In anderen Bereichen, in denen die ›ZoT‹-Kampagne lief, stieg die Zahl der HBV-Mitglieder immerhin um 20 bis 30 Prozent.

Mittlerweile zieht ›ZoT‹ Kreise über den Bremer Großhandel hinaus. Bremen als Zone, wo es etwas nicht gibt, was es im niedersächsischen Großhandel gibt (nämlich Tarifverträge). Dieses Bild machte auch Radio Bremen aufmerksam. Ein Hörfunk-Bericht stellte die Kampagne dar. Und gelegentlich melden sich nun bei Martin Rzeppa auch GewerkschafterInnen aus anderen Branchen. Sie erkundigen sich, wie man so etwas wie ›ZoT‹ denn macht.

Was stellt das Foto dar:

a. Albaner auf dem Weg nach Brindisi (Italien)
b. Nordafrikaner auf dem Weg nach Europa oder
c. Deutsche Aussiedler aus Russland auf dem Weg nach Deutschland?

Auflösung letzte Seite.

»Wir wollten nicht mit dem dicken Gewerkschaftsstempel daherkommen.«
Die ›ZoT‹-Zeitung »»da: war doch was« sagt erst auf Seite 2 und dann noch klein woher sie kommt: Herausgeber HBV-Bremen.

Die Auflösung von Seite 1 wollen wir nicht vorenthalten: »Es sind deutsche Einwanderer auf dem Weg nach Amerika. Die Zeiten ändern sich, die Nationalitäten ebenfalls, aber nicht die Bilder. Ob die Deutschen auf diesem Schiff es sich gewünscht hatten, in Amerika mit Scheiß-Deutsche begrüßt zu werden, ist uns nicht bekannt.«

»ZiK ist keine Hexerei«

Wenigen gelingt, was viele wollen: Eine Zeitung machen, die tatsächlich gelesen wird. Für zahlreiche selbstgemachte Betriebs-, Vereins- oder Initiativenzeitungen wird der eigene Bauchnabel zur unüberwindlichen Hürde. Interessen der MacherInnen oder Herausgeber werden verwechselt mit den Interessen der LeserInnen. Ergebnis: Langeweile – und eine Zeitung, die nicht gelesen wird. Aber es geht auch anders. Dafür ist die Gewerkschaftszeitung ›ZiK‹ in Bremen ein Beispiel. Sieben Jahre gehörte sie nachweislich zu den gerne gelesenen Blättern – mittlerweile auch über Bremen hinaus. An ›ZiK‹ kann man sehen, daß eine gute Zeitung das Ergebnis einer intensiv diskutierten Konzeption und einer konsequenten Umsetzung ist. Im Sinne dieses Ansatzes ist es sogar folgerichtig, daß ›ZiK‹ im Herbst 1992 ihr Erscheinen einstellte.

Ein Zeitungsprojekt von unten, das zeigt, daß eine ansprechende Zeitung keine Hexerei sein muß – und auch nicht das Werk unerreichbarer Profis. Die Idee schwebte lange im Raum: Bereits Anfang der 80er Jahre entstand in den Bremer Krankenhäusern der Wunsch nach einer Zeitung. Den gewerkschaftlich Aktiven dort fehlte ein Medium, das weiter reichte, als die begrenzte Wirkung von Flugblättern. Ein Organ, mit dem man selbständig Akzente in der Krankenhausöffentlichkeit setzen konnte, unabhängig von den zentralen gewerkschaftlichen Verlautbarungen. Ein Sprachrohr, das sich authentisch mit dem Alltag in den Krankenhäusern auseinandersetzte. Im Büro des Personalrats im Zentralkrankenhaus Bremen-Ost flossen solche Gedanken zusammen. Hier konzentrierten sie sich in einem kleinen Kreis um den damaligen Personalratsvorsitzenden Heiko Küpper und der Sprecher der Betriebsgruppe Reinhard Dietrich. Je deutlicher der Wunsch nach einer Betriebszeitung wurde, desto mehr merkte man jedoch auch, daß das Projekt im gewerkschaftlichen Apparat unerwünscht ist. Die Kreisverwaltung der ÖTV ließ damals wissen, so ein Projekt sei nicht möglich. Außerdem gäbe es auch keine Betriebszeitungen in der ÖTV. Aber für prinzipielle Einwände war es zu spät. Der Funke einer eigenen Zeitung hatte bereits in einigen Köpfen gezündet und wurde allmählich zum Feuer.

Vor diesem Hintergrund fand sich im Frühjahr 1985 eine Redaktionsgruppe zusammen, um den Wunsch in die Tat umzusetzen. Ausgehend von dem aktiven Kreis im ZKH Bremen-Ost warb man für das Projekt, knüpfte Verbindungen und lud Interessenten zur Mitarbeit ein. Nach und nach kamen Personalräte und weitere Aktive aus anderen Bremer Kliniken dazu. So konstituierte sich eine gut zwölfköpfige Redaktion. Die Personalräte der verschiedenen Häuser arbeiteten damals gut zusammen, da lag es nahe, erinnert sich einer der Beteiligten, »doch gleich eine Zeitung für alle Krankenhäuser zu konzipieren«.

Mit dieser Vorstellung machte man sich an die Arbeit. Zwar besaß nur ein Teil der angehenden RedakteurInnen Erfahrungen im Zeitungmachen, aber alle hatten Lust auf das Projekt und waren motiviert zu lernen. Bis die erste Zeitung wirklich erschien, verging jedoch noch gut ein Jahr. Das Praxis Institut war besonders in dieser Phase ein wichtiger Diskussionspartner. Hier wurde beraten und kritisiert, verworfen, verändert oder nach Lösungen gesucht. In diesen Diskussionen lernten viele der zukünftigen RedakteurInnen erste Grundlagen der Öffentlichkeitsarbeit kennen. Es begann ein Lernprozeß, der sich später auf den Seminaren des Praxis Instituts ebenso fortsetzte, wie in der alltäglichen Redaktionsarbeit: Man bemühte sich um kritische Distanz zu den eigenen Ergebnissen und, erinnert sich Bernd Siebein, Personalrat im Zentralkrankenhaus St. Jürgen-Straße: »Wir wollten von Anfang an immer besser werden«.

»Wir wollten von Anfang an immer besser werden.«

Besonders intensiv wurde in der Vorbereitungsphase über den Namen diskutiert. Die Vorgabe beschreibt Alfred Lorenz, Personalrat in Bremen-Ost, so: »Kein typischer Krankenhaus-Name, wie z.B. am Puls, Impuls, Virus, Spritze und so weiter. Denn das macht alles krank. Wir hatten mehr das Gefühl, wir müßten einen Namen schaffen, der selber wirkt. Der nachher ein eigenständiger Name wird.« Mit der

Brainstorming-Methode macht man sich auf die Suche. »Wir haben erst mal 20 Blatt Papier vollgeschrieben«, schildert Bernd Siebein die Suche, »bis dann einige wenige Namen in die engere Wahl kamen. Die probierten wir dann aus.« Im Krankenhaus, bei den zukünftigen RedakteurInnen zuhause: Überall testete man Reaktionen. Erst im Laufe dieser Testphase wurde dann die Idee für den späteren Namen geboren, als jemand vorschlägt, doch eine Abkürzung zu nehmen. »Und dann«, so einer der Beteiligten, »haben wir einfach auf den Klang geachtet.« So entstand ›ZiK‹, die Abkürzung für »Zeitung im Krankenhaus«. »Die Entscheidung für ZiK«, erinnert sich Alfred Lorenz, »fiel, weil es schärfer klingt als ›ZaK‹, gleichzeitig aber nicht so militärisch, sondern eher locker und listig.«

Diese Namensdiskussion trug auch dazu bei, die Philosophie des Projekts deutlicher zu machen: Von vornherein plante man eine Zeitung, die aus dem Rahmen der üblichen Gewerkschaftspublikationen fallen sollte. Was der Name versprach, sollte der Inhalt des Blattes halten. Einige Punkte, die helfen sollten, dieses Ziel zu erreichen, fassen die Beteiligten heute so zusammen:

■ Konkrete Geschichten, in denen sich die Leute wiederfinden, statt abstrakte Parolen hinauszuposaunen. Eine Art der Berichterstattung, die die LeserInnen auch gefühlsmäßig stärken sollte. »Sie sollten«, so Bernd Siebein, »das Gefühl bekommen, daß man gewinnt, wenn man sich engagiert. Wir wollten keine Rezepte kriegen: Wie macht man was«. Dabei setzte ›ZiK‹ auch auf Komik oder satirische Schärfe, wenn es darum ging, Interesse zu wecken oder ein bekanntes Thema neu zu beleuchten.

■ Man richtet keine Aufforderungen an die LeserInnen. »Nicht«, so Alfred Lorenz, »tut dies, laßt das, kommt massenhaft!« Das sollte allerdings nicht heißen, daß das Blatt nicht klar Position beziehen wollte. Aber man legte großen Wert darauf, daß Bewertungen und Urteile sich aus der Darstellung selbst ergaben und nicht aufgesetzt oder besserwisserisch wirkten. »Da haben

ZIK

Zeitung im
Krankenhaus
ÖTV KV Bremen
Abteilung
Krankenhäuser

»ZIK setzte auch auf Komik oder satirische Schärfe, wenn es darum ging, Interesse zu wecken oder ein bekanntes Thema neu zu beleuchten.«

Vier ›ZIK‹ Titel aus den Jahren 1986 bis 1991. Format der Zeitschrift: 21 cm breit und 28 cm hoch.

wir uns immer sehr bemüht«, berichtet Alfred Lorenz, »und uns immer geärgert, wenn uns mal sowas unterlaufen ist, daß z.B. am Schluß eines Artikels sinngemäß stand: ›Da kann man mal sehen, was so ein Chef für ein Arschloch ist‹. Denn entweder konnte man das schon in der Geschichte sehen – dann war´s ohnehin schon deutlich. Oder, wenn man das nicht sehen konnte, wenn die Geschichte das nicht hergab, dann brauchte man das auch nicht zu schreiben.«

■ Keine Selbstbespiegelung der Gewerkschaft: Es wird über die Leute, die etwas machen berichtet und nicht abstrakt über die Taten von Gremien oder die Gewerkschaft ÖTV im allgemeinen.

Für die Arbeit der Redaktion, erläutert Alfred Lorenz, spielte eine weitere Überlegung eine wichtige Rolle: »In der Regel scheitern Betriebszeitungen gerade daran, daß sie darauf warten und hoffen oder darum flehen, die Leute mögen schreiben, Texte abgeben. Aber, so die allgemeine Erfahrung, die Leute schreiben nicht. Oder wenn, dann oft schlecht. Wir zogen daraus die Konsequenz, die Leute müssen nicht selbst für die Zeitung schreiben. Wichtig ist nur, daß sie Geschichten und Information liefern. In die stimmige schriftliche Form für die Veröffentlichung werden sie dann von der Redaktion gebracht«.

Die Klarheit in der Konzeption der Zeitung sollte sich auch im Erscheinungsbild wiederfinden. Bei der Wahl der Schriften, beim Satzspiegel und anderen Gestaltungselementen versuchte man, auf jeden Schnickschnack zu verzichten. Und auch im Herstellungsprozeß der Zeitung ging die Redaktion eigene Wege. Texterfassung, Satz, Layout: Alles wurde komplett im Personalratsbüro Bremen-Ost gemacht. Man informierte zwar die Kreisverwaltung der ÖTV vorab über Inhalte, entschied sich allerdings, erst die fertigen Druckvorlagen dort abzuliefern. Die Redaktion wollte die Gesamt-Gestaltung des Blattes in der Hand behalten. »Die Schwelle für Zensureingriffe«, erläutert Bernd Siebein, »sollte möglichst hoch sein«. Konsequenz aus leidvollen Erfahrungen. Dennoch kommt es im Laufe des Projekts ›ZiK‹

an diesem Punkt permanent zu Kontroversen mit der Kreisverwaltung. »Diese Auseinandersetzungen«, so Alfred Lorenz, »waren unheimlich demoralisierend. Zwar gelang es der Redaktion stets, zu verhindern, daß die Kreisverwaltung in den Artikeln einfach herumkritzelt und deren Aussagen verändert. Der Preis dafür war allerdings, daß oft ganze Artikel nicht erschienen, weil Redaktion und Kreisverwaltung sich nicht einigen konnten. Immer jedoch war die Position der Redaktion stark genug, daß ein Erscheinen der Zeitung gesichert war«. In den letzten Jahren gelang es der Redaktion, den zuständigen ÖTV-Sekretär teilweise in das Projekt einzubinden. Dennoch, da sind sich die RedakteurInnen einig, waren diese Debatten um Wörter und Sätze, Punkt und Komma für sie eine der größten Belastungen.

Zwei ganz unterschiedliche ›ZIK‹ Doppelseiten. Thema **Pressefest:** *»Liebe Leute von der ZIK, das Pressefest war einfach schick.« Fotos sprechen hier Bände. Thema* **Tatort Krankenhaus:** *dem Sterben wird redaktionell nachgegangen.*

Ab September 1986 erscheint die ›ZiK‹ etwa alle drei Monate mit einer Auflage von 2.500 Exemplaren. Zunächst offiziell nicht als Zeitung, sondern als »Informationsdienst«. Denn wenn sie auch Betriebszeitungen nicht wollte, solche Veröffentlichungen tolerierte die Kreisverwaltung. Bereits mit Erscheinen der ersten Ausgabe wurde deutlich, daß eine andere Form der Auseinandersetzung in die Krankenhäuser getragen wurde. »Die Klinik-Leitungen fühlten sich angegriffen, wußten aber nicht, wie sie reagieren sollten«, erinnert sich Bernd Siebein, »denn ›ZiK‹ erzählte wahre Geschichten, bei denen kein Dementi möglich war«. Extrem verunsichert schwanken sie zwischen starken Worten und ignorieren – und mußten am Ende meistens doch Farbe bekennen. Denn ›ZiK‹ nannte, für Gewerkschaften unüblich, fast von Anfang an Roß und Reiter, in der ›ZiK‹ standen die Namen, eigene und die von anderen. Deshalb, so der Krankenpfleger Ralf Witte, »achteten wir bereits bei der Recherche von Geschichten darauf, daß sie so erzählt wurden, daß klar wurde, wer was gemacht hatte, sonst wurden sie abgelehnt, anonyme Attacken gegen abstrakte Gegner gab es nicht.« Ein Ansatz, der die Berichte in der Zeitung authentisch machte, nacherlebbar für die LeserInnen.

Die ersten zwei Jahre ›ZiK‹ vergingen wie im Fluge. Die Frage, wie man die Redaktionsarbeit kontinuierlich am Laufen hält, stellte sich gar nicht. Ein »innerer Motor« trieb die Beteiligten an: »Das war einfach geil, das hat Spaß gemacht. Das war einfach zu gut«, so Bernd Siebein. Als dieser Anfangs-Elan allmählich nachließ, kam die ›ZiK‹-Redaktion im Herbst 1988 in Berlin auf einem Gestaltungs-Seminar des Praxis Instituts zusammen. Mit diesem Seminar endeten die Kinderjahre des Projekts. Man verließ sich nun nicht mehr auf den »inneren Motor«, ersetzte ihn durch eine langfristige Themen- und Terminplanung. Arbeitspläne wurden erstellt: Von der ersten Redaktionssitzung, über Schlußredaktion, Layout-, Druck- und Verteilungstermine, alles legte man für das gesamte Kalenderjahr fest. In Berlin überarbeitete man auch das Erscheinungsbild des Blattes. »Denn«, so Alfred Lorenz, »der Anfang war etwas handgestrickt. Manches war einfach zu plump, obwohl es nach außen ziemlich professionell aussah«. Die Titelseite wurde übersichtlicher, die Themenanordnung im Inneren veränderte sich. Hier und bei der Titelgestaltung legte man nun auch mehr Wert auf eigene Fotos. Die selbständige optische Umsetzung von Themen wurde für die Redaktion wichtiger. Sabine Igersky, MTA aus Bremen-Ost, machte dies zu ihrem Schwerpunkt, sie sorgte für die passenden Fotos.

Eine Erkenntnis war jedoch für die RedakteurInnen auf dem Berliner Seminar besonders wichtig: Das Konzept von ›ZiK‹ hatte sich im wesentlichen bewährt. Es entwickelte sich neues ›ZiK‹-Selbstbewußtsein, das sich nicht nur im Stil der Zeitung sondern auch in einer Ausweitung des Projekts zeigte. Einmal jährlich organisierte ›ZiK‹ nun ein »Pressefest«. Man wollte gemeinsam mit den LeserInnen feiern, miteinander ins Gespräch kommen, die Verbindung von LeserInnen und MacherInnen von ›ZiK‹ enger machen. Die Rechnung ging auf. »Mit Hilfe der ›ZiK‹ haben wir es geschafft, zwischen den Krankenhäusern eine eigene Szene zu entwickeln, die es so vorher nicht gab. Das sehe ich als einen bleibenden Erfolg«, so Alfred Lorenz.

Über das reine Reagieren hinaus gelang es der Redaktion auch, mehr und mehr Themen selbst zu bestimmen. Zwischen den regulären Ausgaben erschienen nun gelegentlich ›ZiK‹-Extraausgaben zu bestimmten Schwerpunkten, Kampagnen wurden gestartet. Das ›ZiK‹-Forum, eine Diskussions-Veranstaltung zu Themen, die in der Zeitung behandelt wurden, entstand. Mit dieser Kopplung von Zeitung und Veranstaltung, von lesen und diskutieren erzielte man beachtliche Wirkung. Als ›ZiK‹ zum Beispiel im Frühjahr 1990 gemeinsam mit den Klinik-Personalräten das Problem Schichtarbeit im Pflegedienst anpackt, entsteht daraus eine Kampagne die bundesweit für Aufsehen sorgte. Und: Die Lösungen, die »Total normal« vorschlägt, wurden im Zentralkrankenhaus Bremen-Ost in die Tat umgesetzt. Dort führte man Schritt für Schritt ein Arbeitszeit-

Gesundheits

Eine Doppelseite aus der ›ZIK‹ Ausgabe vom Dezember 1988: »Neue Zähne braucht das Land.« Aus Apfelsinenschalen basteln wir uns ein neues Gebiss, ein Hörrohr und eine neue Brille. Ein Beitrag zur Selbsthilfe gegen die Folgen der Gesundheits»Reform«.

modell für den Pflegedienst ein, das die Schichtarbeit deutlich reduzierte und gleichzeitig Arbeitsbedingungen und -abläufe menschenfreundlicher gestaltete.

> »Es fehlte einfach der Nachwuchs.«

Trotz vieler Erfolge stellte die ›ZiK‹ im Herbst 1992 nach sieben Jahren ihr Erscheinen ein. Obwohl es weiterhin ein breites Umfeld von UnterstützerInnen und Informanten der Zeitung gab, wurde die Redaktionsarbeit seit drei Jahren nur noch von einem harten Kern getragen: Sechs Leute recherchierten, planten, schrieben, gestalteten, organisierten alles, was mit dem Projekt zusammenhängt. Rolf Schlüter, der Büroangestelle im Personalratsbüro Bremen-Ost, koordinierte zwar immer mehr die zahlreichen Aktivitäten. Aber es fehlte, so Alfred Lorenz, einfach der Nachwuchs. Ohne den ließ sich das Projekt aber nicht mehr machen. Denn zusehens orientieren sich auch die verbliebenen Aktiven beruflich weg vom Krankenhaus-Alltag. Die Nachwuchsfrage, so die RedakteurInnen, »ist eine der wenigen Niederlagen von ›ZiK‹«. Trotz mehrerer Anläufe konnte sie nicht gelöst werden.

> »Wir wollten den eigenen Arbeitsstil nicht aufgeben: Hohes inhaltliches Diskussionsniveau und hohes Niveau des Zeitungmachens, des Schreibens und Gestaltens.«

»Wir wollten«, beschreibt Alfred Lorenz das Dilemma, »den eigenen Arbeitsstil nicht aufgeben: Hohes inhaltliches Diskussionsniveau und hohes Niveau des Zeitungmachens, des Schreibens und Gestaltens. Ein ungewöhnlicher Zustand, der eine breite Beteiligung an den Internas der Redaktionsarbeit verhinderte. Denn entweder konnten die Leute, die einsteigen wollten, nur das eine oder das andere«. Je mehr sich die RedakteurInnen qualifizierten und weiterentwickelten, desto höher wurden auch die Ansprüche an das Blatt und desto schwieriger wurde es für neue InteressentInnen, innerhalb der Redaktion Fuß zu fassen. Andererseits, so die RedakteurInnen, machte das eingespielte Team und die Professionalisierung von unten auch einen Teil des Erfolges von ›ZiK‹ aus. »Wir hätten ruhig noch besser werden können«, meint Alfred Lorenz. »Denn durch die permanente Verbesserung entstand trotzdem keine Distanz zu den LeserInnen, weil wir selber immer besser geworden sind und weil wir wir selber geblieben sind. Das Teil ist bis zum Schluß authentisch geblieben. Das ist der Zauber von ›ZiK‹«.

Das wär's...

Das Projekt gab Impulse über die Bremer Krankenhäuser hinaus. Irgendwann, da ist man sich in ›ZiK‹-Kreisen sicher, werden diese Impulse von anderen Leuten aufgegriffen werden. Vielleicht entsteht sogar einmal ein neues Zeitungsprojekt. »Aber dann«, so Alfred Lorenz, »müssen diejenigen selbst ein eigenes Projekt entwickeln. Die Zeit von ›ZiK‹ ist vorbei – und das ist für mich auch stimmig. Denn ›ZiK‹ war eine spezielle Antwort in einer bestimmten krankenhaus- und gewerkschaftspolitischen Situation. Jetzt muß was Neues kommen.«

Weser-Kurier 30. Januar 1993

Klinik-Chefs können aufatmen
„Zeitung im Krankenhaus" nach über sechs Jahren eingestellt

pg. Es hat sich „ausgezikt" in den bremischen Kliniken. Aus, vorbei, keine Frechheiten mehr – die „Zeitung im Krankenhaus" (ZIK) hat nach über sechs Jahren ihr Erscheinen eingestellt. Krankenhaus-Direktoren können aufatmen, die örtliche Gewerkschaft ÖTV, die als Herausgeberin fungierte, wird keine Probleme mehr mit Veröffentlichungen haben, die der „Beschlußlage" nicht so ganz entsprechen.

Im September 1986 erstmalig und dann im Vierteljahres-Rhythmus erschien ZIK in einer Auflage von jeweils 2500 Exemplaren. Psychologe Alfred L. Lorenz, einer der Gründer, zu den damaligen Motiven: „Wir hatten als Personalräte und Gewerkschafter Probleme mit den Publikationen unserer Organisation, mit Rezepten, Belehrungen und Parolen. Und es störte und stört uns immer noch, daß es in Bremen keine Gesundheitspolitik gibt. Deshalb mußte es ZIK geben."

Mit knapp 30 Ausgaben sorgte das kleine ehrenamtlich tätige Redaktionsteam für Ärger und Aufregung, für Spaß und interne Information. Manche Klinikleitung sei erleichtert gewesen, frohlocken die Macher noch heute, wenn ihr Haus in diesem Blatt nicht auftauchte. Bissig und einseitig setzten sie sich mit der Transplantationsmedizin auseinander, geißelten personelle Mißstände und Engpässe und thematisierten mit großer Resonanz über Bremen hinaus die unattraktiven Arbeitszeiten des Pflegepersonals.

Eine erst im vergangenen Jahr angezettelte Diskussion über das heikle Thema „Mord im Krankenhaus" kann nun nicht mehr weitergeführt werden – das Ende von ZIK kam schneller und hat ganz unspektakuläre Gründe. Alfred Lorenz: „Wir müssen uns eingestehen, daß wir für unsere Arbeit keine neuen Leute gewinnen konnten. Wir waren vielleicht abschreckend. Außerdem hat jeder von uns inzwischen so viel Arbeit am Hals, daß wir nebenbei nicht auch noch eine Zeitung produzieren konnten. Und bevor die Qualität leidet, haben wir's lieber sein lassen." Aus und vorbei – eine neue ZIK wird es nicht mehr geben.

Das Titelblatt der letzten ›ZIK‹ Ausgabe im Januar 1993.

> »Wir wollten eine eigenständige Form von Öffentlichkeitsarbeit finden.«

Johann Der Kristallisationspunkt war die Herausgabe einer Zeitung. Daran haben wir zur Zusammenarbeit gefunden. Das war Anfang der 80er Jahre.

PraxisInstitut Und wer war dabei?

Peter Ja, alle. Alle, die wir hier jetzt auf dem Flur des Betriebsratsbüros sitzen. Aber das ganze hat einen Vorlauf, eine Geschichte. Es gab bis 1972 hier eine traditionalistische Gewerkschaftspolitik. Die hat erzeugt, daß es im Angestelltenbereich ein lebhaftes Wählerpotential für sogenannte unabhängige Betriebsräte gab. Die Angestellten fühlten sich nicht vertreten. Es gab auch schon die ersten Veränderungen in der IG Metall, damals noch unter Ludwig Hettling – aber mit Abschottungsversuchen gegen alle Leute, die in irgendeiner Weise andere Ideen hatten oder eventuell ein Potential darstellten, das die eigenen Posten gefährden konnte.

Johann So wurde sozusagen das Feld bereitet.

PraxisInstitut Durch Ausgrenzung?

Peter Genau umgekehrt kam es: es wurde bewirkt, daß sich dadurch Leute zusammenfanden. Wir waren sehr unterschiedliche Leute, auch von unserer politischen Einstellung her: eine sehr große Bandbreite. Das, was uns miteinander verbunden hat, war die Ausgrenzungspolitik, die hier in der Gewerkschaft von der rechten SPD gemacht wurde. Die haben den Fehler gemacht und gesagt: Wer nicht für uns ist, ist gegen uns. Dadurch hat sich dann eine Gruppe gebildet, die schnell immer größer wurde.

PraxisInstitut Waren auch Leute dabei, die später bei den Angestellten unabhängig als GUV kandidiert haben? Die waren für die IG Metall doch auch gefährlich?

Johann Richtig. Man muß das so sehen: es gab eine echt traditionelle Linie der IG Metall: Dampfmaschine auf ein Gleis gesetzt, und dann Druck auf den Kessel und immer geradeaus. Und das ging vorbei an einem Großteil dieser Belegschaft. Und zugleich die Ausgrenzungspolitik auch gegenüber der GUV. Es gab ja genug Leute, die sich Gedanken gemacht haben, für die es nicht demokratisch genug in der Gewerkschaft war, nicht zeitgemäß. Die Umweltbewegung entstand damals, die wurde nie einbezogen – das war das ganze linke Spektrum in der IG Metall. Und auch rechts von der IG Metall wurden demokratische Ansprüche formuliert. Die Leute wurden vor den Kopf gestoßen und fanden sich rechts von der Gewerkschaft wieder. Das war die Ausgangssituation. Demokratie und Selbständigkeit, Ideen aufnehmen, integrieren – alles das gab es damals nicht ausreichend.

»Es gab eine echt traditionelle Linie der IG Metall: Dampfmaschine auf ein Gleis gesetzt, und dann Druck auf den Kessel und immer geradeaus.«

PraxisInstitut Ist das in dieser Belegschaft beim Flugzeugbau anders als in traditionellen Industriebetrieben, wo man Kampfmaßnahmen nur anzuordnen braucht und schon stehen alle wie ein Mann?

Peter *Das konntest Du bei uns im gewerblichen Bereich auch. Dieser Betrieb hat von Anfang an eine andere Struktur. Es gab immer zwei Drittel Angestellte und ein Drittel Gewerbliche. Und von den Angestellten waren schon immer rund tausend AT-Angestellte, die außerhalb des Tarifs, und das heißt: darüber bezahlt werden. Die haben Einzelarbeitsverträge. Das hat natürlich immer eine Rolle gespielt. Es gab auch Standesinteressen dabei.*

PraxisInstitut Und die berühmte Nullnummer vom ›Gegenwind‹, das war ein gewerkschaftsoppositionelles Blatt?

Peter *Das Problem ist, was du Gewerkschaftsopposition nennst. Wir haben uns damals in erster Linie als Leute gesehen, die einen politischen Anspruch formulieren, also auch über die Gewerkschaft hinaus. Dabei sagten wir schon: Unser Zentrum ist der Betrieb. Wir verstanden uns als Linke und in der IG Metall. Aber wir fühlten uns nicht als RGO oder irgendeine Organisation.*

PraxisInstitut Noch mal genauer, worum ging es? Wolltet Ihr nur eine eigene Politik formulieren, oder wolltet Ihr als Opposition auch die, die die Macht hatten, ablösen? Also die Machtübernahme?

Ein Gespräch zwischen Peter Zimmermann, Manni Zufall, Johann Dahnken, Alfred Lorenz und Michael Rasch im November 1992

Peter *Wir haben damals unsere Ziele im Bereich der Betriebspolitik gesetzt, viele von uns wollten politisch mehr. Wir waren damals im BAB (Betrieblich Alternatives Bündnis) engagiert, das 1983 in Bremen entstand. Unsere gemeinsame Grundlage aber war der Betrieb. Damals ging es um Themen wie zum Beispiel PAISY oder neue Lohnsysteme. Um unsere Ziele haben sich dann auch Leute mit unterschiedlichen Interessen gefunden. Es gab immer dies breite Spektrum.*

PraxisInstitut *Nehmen wir das Beispiel PAISY. Hattet ihr damals das Gefühl, die Gewerkschaft läßt das einfach so laufen?*

Peter *Wir schätzten das damals noch so ein, daß ein Personalinformationssystem verhinderbar sei. Das war unsere Position: PAISY darf es nicht geben.*

Johann *Das Lohnsystem hing auch damit zusammen. Das war damals auch eine zentrale Frage.*

Peter *Und die Geschichte mit den flexiblen Arbeitszeiten. Wir haben damals deutlich gemacht, welche Gefahren dahinter stecken. Viele Leute haben das ähnlich gesehen wie wir. Heute muß man sehen: das, was wir als Teufel an die Wand gemalt haben, ist auch nicht eingetroffen. Zumindest nicht in der Form, daß es nur dem Unternehmer nützt.*

PraxisInstitut *Und ihr habt das damals betriebsöffentlich gemacht durch den ›Gegenwind‹...*

Peter *Und Gewerkschaftssitzungen, Betriebsversammlungen.*

PraxisInstitut *Wurdet ihr da eindeutig identifiziert?*

Peter *Ja, eindeutig. Wir waren auch namentlich bekannt. Wir haben den ›Gegenwind‹ immer persönlich vorm Tor verteilt.*

PraxisInstitut *Standen auch schon Eure Namen im Impressum der Zeitung?*

Peter *Zu dem Zeitpunkt noch nicht. Aber es war jedem klar, wer das machte. Wir haben ja auch vorher mit den Leuten über die Inhalte diskutiert, die dann in der Zeitung erschienen sind. Es war jedem klar, wer den Gegenwind machte.*

Johann *Und ob wir richtig gelegen haben, das haben wir dann in Abstimmungen in Gewerkschaftsgremien auf die Probe gestellt.*

Peter *Das war ein Prozeß über viele Jahre. Und allmählich haben sich die Mehrheitsverhältnisse im gewerkschaftlichen Vertrauenskörper verändert.*

PraxisInstitut *Zum Schluß hattet ihr im Vertrauenskörper, also in der Gewerkschaftsorganisation des Betriebes die Mehrheit, aber nicht im Betriebsrat.*

Peter *Ab 1985 hatten wir die Mehrheit im Vertrauenskörper. Damals hatten wir auch das erste Mal die Vertrauenskörperleitung gestellt. Dann gab es aber für mindestens drei Jahre noch die direkte Konfrontation im Betriebsrat, mit dem Betriebsrat und auch im Vertrauenskörper.*

PraxisInstitut *Wenn du sagst: »Wir« – was heißt das im Betrieb?*

Peter *»Wir« – ja das waren die Leute, die sich seit 1978/79 trafen, Dinge besprachen und dann auf einmal anfingen, auf Betriebsversammlungen zu reden. Da gab es genug Identifikationspunkte. Und für die Vertrauensleute war natürlich klar, daß Leute, die eine andere Stellung bezogen haben, oder die sich bei Abstimmungen anders verhalten haben,*

Der legendäre, handgestrickte ›Gegenwind‹, eine Ausgabe von 1985 und ein Aushang der ›IG Metall Vertrauensleute‹. Beide Medien DIN A4 groß.

auch damit identifiziert worden sind.

PraxisInstitut Als »Wir« muß man ja auch etwas machen, sich absprechen…

Peter *Wir waren damals nicht unbedingt dicke politische Freunde. Es gab unter uns auch politische Differenzen, auch parteipolitische. Wir hatten aber die Erkenntnis, daß das, was uns verbindet, wesentlich mehr ist als das, was uns trennt. Dann haben wir Treffen in Kneipen organisiert. »Kommt heute Nachmittag«… und dann kamen erst so zehn, fünfzehn, zwanzig. Der Kreis hat sich dann am meisten um das Projekt ›Gegenwind‹ herum vergrößert. Wir haben uns gesagt: Es reicht nicht aus, nur als Einzelperson aufzutreten. Wir haben uns sozusagen ein »Organ« geschaffen. Dann gab es innerhalb der IG Metall auch den Versuch, uns aus der Gewerkschaft auszuschließen mit der Begründung, das wäre ein gewerkschaftsoppositionelles Blatt. Wir haben aber immer gesagt: Nicht »Gewerkschaftsopposition«, sondern: »linkes Blatt«.*

PraxisInstitut Das hat aber nicht funktioniert, Euch so rauszudrücken?

Peter *Das ist vor allem deswegen gescheitert, weil wir uns hier im Laufe der Zeit immer besser verankert haben. Der Rausdrängungsversuch war 1985, zu einer Zeit also, als wir schon verschiedene Betriebsratsfunktionen innehatten und die Mehrheit in der Vertrauenskörperleitung stellten. Auch die Mehrheit der Vertrauensleute standen hinter uns. Das hätte einen wirklichen Eklat gegeben, wenn man uns rausgeschmissen hätte.*

PraxisInstitut Wie habt ihr den ›Gegenwind‹ gemacht? Man kann nicht mit dreißig Leuten eine Zeitung machen.

Peter *Wir hatten damals regelmäßige Treffen, meistens einmal in der Woche. Das war ein Termin mit politischer Diskussion. Welche Themen wollten wir überhaupt reinhaben in die Ausgabe. Da haben wir die Eckpunkte festgelegt und gefragt: Wer schreibt zum nächsten mal einen Artikel darüber? Dann lag der*

»Wer schreibt zum nächsten mal einen Artikel darüber?«

Artikel vor und wir haben darüber diskutiert. So war jeder Artikel Ergebnis gemeinsamer Diskussion. Und dann alles schön mit Handarbeit in die Schreibmaschine getippt. Es gab immer ein gemütliches Beisammensein, das war die Layout-Sitzung. Da wurde meistens vorher Kuchen gebacken. Das haben wir reihum bei Leuten zu Hause gemacht. So wurde die Zeitung erstellt, an gemeinsam verbrachten Wochenenden. Wir hatten eine Kasse, in die zahlte jeder, der mitgemacht hat, rund zehn Mark im Monat ein. So haben wir die Druckkosten finanziert.

PraxisInstitut *Wie lange gab es den ›Gegenwind‹. Oder gibt es ihn noch?*

Peter *Nein, der ist bis Ende 1985 erschienen. Es wurden damals auch Fehler gemacht, als dies Ausschlußverfahren lief. Da standen Dinge im ›Gegenwind‹, die mehr böswillige Unterstellungen waren, persönliche Angriffe, das war dann manchmal ein bißchen stark RGO-mäßig gewesen. In den Redaktionssitzungen schaukelte es sich manchmal hoch, nach dem Motto »Jetzt müssen wir denen aber mal richtig eins verpassen«. In der innergewerkschaftlichen Debatte während des Ausschlußverfahrens wurde uns nahegelegt, den Schriftzug auf dem Titel »Von Kollegen für Kollegen« durch eine politische Kennzeichnung zu ersetzen. Da sollte dann stehen: »Dies ist eine Betriebszeitung von Linken für die Kollegen« oder so etwas. Der Anschein sollte wenigstens weg, daß wir aus der Gewerkschaft heraus die Zeitung machten.*

PraxisInstitut *Wer wollte das? Der Apparat?*

Peter *Ja, in den Schlichtungsgesprächen legte uns das der Erste Bevollmächtigte nahe. Wir hatten ein Jahr vorher eigenständig auf einer Liste zum Betriebsrat kandidieren müssen. Dann haben wir das diskutiert: Wenn es darum ginge, eine betriebliche Zeitung zu machen, dann war das so nicht mehr nötig, denn wir hatten zu dem Zeitpunkt die Mehrheit im Vertrauenskörper und hatten so auch die Verantwortung für* die Veröffentlichungen des Vertrauenskörpers. Da haben wir gesagt: Gut, dann schreiben wir in der Vertrauensleutezeitung. Wir hatten ja auch schon früher versucht, in der Vertrauensleutezeitung zu schreiben. Unsere Artikel sind alle rausgeschmissen worden. Die alte Vertrauensleuteitung hatte gesagt: Wir entscheiden, was reinkommt. Das wollten wir nicht so machen. Wir haben dann gleich den Stil verändert. Für uns galt: Redaktion sind alle, die etwas schreiben und die Vertrauensleuteleitung. Wir verfahren nach dem Konsensprinzip. Wenn jemand sagte, der diskutierten Änderung seines Artikels könne er nicht zustimmen, dann wurde das akzeptiert. Über eine Veröffentlichung mußte eben Konsens herrschen. So waren wir auch vorher beim ›Gegenwind‹ gewohnt.

PraxisInstitut Wie war das nun mit den Mehrheiten im Betriebsrat? Nach der Wahl 1987 ward Ihr ja im Betriebsrat vertreten, da habt Ihr ein halbes Jahr einigermaßen zusammengearbeitet, von den alten Leuten waren auch noch welche freigestellt.

Peter Wir haben nicht die Konfrontation gesucht. Wir hatten damals vielleicht eine 60:40-Mehrheit in der Gewerkschaft. Wären wir mit diesen Mehrheiten durchmarschiert, was wäre passiert? Erstens wäre das genau die falsche alte Politik gewesen, und zweitens wäre das nicht tragfähig gewesen. Erst, als die 1988 diesen Coup gelandet hatten, änderten sich radikal die Verhältnisse. Ihr kennt das auch aus der Tagespresse: Damals hatten die alten Leute plötzlich mit der GUV koaliert und uns mit dieser nicht mehr gewerkschaftlichen Mehrheit aus allen Ausschüssen und den Freistellungen herausgedrängt. Das hatte dann bei der nächsten Wahl aber genau die gegenteilige Wirkung: Seitdem nämlich haben wir mit unserer offenen und demokratischen Gewerkschaftsarbeit eine klare Mehrheit im Betrieb.

»Sprechen wir nochmal über die Probleme der Öffentlichkeitsarbeit.«

PraxisInstitut Sprechen wir nochmal über die Probleme der Öffentlichkeitsarbeit. Eine Zeitung wie der ›Gegenwind‹ ist ein oppositionelles Unternehmen, hat solange Bestand, wie etwas wesentlich geändert werden muß. Aber dann, wenn man selbst die Verantwortung trägt, muß sich da auch die Öffentlichkeitsarbeit ändern?

Peter *Wir mußten uns zuerst fragen: was schreiben wir wo rein, wenn beides weiterbesteht? Was kommt in den ›Gegenwind‹, und was in die Vertrauenleutezeitung? Aber das erfordert taktisches Vorgehen: Hier wird Information zurückgehalten, um sie an der anderen Stelle zu bringen. Viele sagten auch aus emotionalen Gründen: Den ›Gegenwind‹ muß es weiter geben. Die Praxis zeigte, daß es bei einer offenen Arbeit in der Vertrauensleutezeitung keinen Raum mehr für den ›Gegenwind‹ gab. Im Vorfeld der 87er Betriebsratswahlen hatten wir uns mit Euch zusammengesetzt: Zersplitterung in Betrieb und Gewerkschaft, Bedürfnisse im Bereich der Angestellten, das oben geschilderte Publikationsproblem: was ist zu tun? Da war zuerst der Anspruch, in der Form moderner und professioneller zu werden. Es war aber ein gemeinsames Seminar für Leute aus dem Vertrauensleutekörper, nicht für Layout-Interessenten. Es ging also um wichtige Fragen: Selbstverständnis, Ziele, Erscheinungsbild usw. Eben: Wir wollten eine eigenständige Form von Öffentlichkeitsarbeit finden. Damals waren auch noch Leute dabei, die später wieder gegen uns kandidiert haben. Der Diskussion hat das nicht geschadet.*

PraxisInstitut Interessant bei dem Seminar war damals: Die Leute waren gekommen, um eventuell etwas kosmetisches an den Publikationen zu machen. Aber nach Hause gegangen sind sie dann mit einer anderen gewerkschaftspolitischen Perspektive, mit einer neuen Zielrichtung. So ging es dann nicht mehr nur um die Betriebsratswahl und eine Kampagne dafür. Sondern das Ziel war weitergesteckt und das konkrete Ereignis konnte vor dem Hintergrund dieser Zielvorstellungen leichter und vor allem mit mehr Perspektive bearbeitet werden.

Peter *Für uns war das der Einstieg in eine systematische*

»Es ging um wichtige Fragen: Selbstverständnis, Ziele, Erscheinungsbild und mehr. Wir wollten eine eigenständige Form von Öffentlichkeitsarbeit finden.«

Arbeit. Vorher haben wir doch mehr reagiert als agiert. Nicht wir gaben die Themen vor, sondern wir widmeten uns den Problemen, die die anderen – ob jetzt Geschäftsleitung oder die damaligen gewerkschaftlichen Führer im Betrieb – geschaffen hatten.

PraxisInstitut Publikationsstil verändert, arbeiten mit Zeitplan für Öffentlichkeitskampagnen usw. War das alles? Gab es auch einen anderen Umgangsstil? Es ist doch so, daß auf die Dauer für viele Kolleginnen und Kollegen die Teilnahme an einer Sitzung ein Horror ist. Dies soll ein Hinweis darauf sein, daß die traditionelle Form gewerkschaftlichen Arbeitens mit Sitzungen und Ausschüssen, Posten und Mandaten, Zentralismus usw. gar keine neue Art der Betätigung für neue Ideen hergibt. Sitzungen werden abgesessen, Rituale bestimmen die Diskussionsverläufe, gesprochen wird durch die Blume.

Peter *Für uns war ein wichtiger Grundsatz: die Belegschaft wird bei uns schneller und umfassender informiert, dabei werden unterschiedliche Meinungen nicht ausgegrenzt. Früher gab es in der Gewerkschaft die Tendenz, Informationen zurückzuhalten, denn Information ist Macht. Wer etwas weiß, das die anderen nicht wissen, ist mächtiger. Nach dieser Devise wollten wir nicht vorgehen. Bewußt nicht. Uns war die sachliche Auseinandersetzung wichtig. Das war gar nicht so einfach damals: Wir hatten ja noch den Streit innerhalb der IG Metall und den Streß mit den sogenannten Unabhängigen. Zur Betriebsratswahl 1987 sind wir mit der ersten Ausgabe unserer neuen Vertrauensleutezeitung herausgekommen. Prinzip war: »Wo IG Metall draufsteht, muß auch IG Metall drinsein.« Es gab also ein gemeinsames Erscheinungsbild auch bei Wahlaufrufen, Flugblättern, später auch für die Veröffentlichungen des Betriebsrates. Man konnte die Dinge wiedererkennen: Das kommt von der IG Metall bei uns im Betrieb.*

PraxisInstitut Und die anderen?

Peter *Die anderen sind ihren alten Formen ebenso treu*

»Information ist Macht. Wer etwas weiß, das andere nicht wissen, ist mächtiger.«

Links oben das alte ›VK-Echo‹ eingerahmt wie jede gute Todesanzeige. Drei DIN A4 Flugblätter neu gestaltet.

36 ■ 37

gebliebeben wie den alten Inhalten ihrer Politik. Zu diesen alten Hüten zählte auch eine Anti-Kommunismus-Kampagne dieser Leute: Die Kommunisten machen den Standort kaputt, schaffen 1000 Arbeitsplätze ab – und mit »Kommunisten« waren die Leuten vom ›Gegenwind‹, waren wir gemeint.

PraxisInstitut Die Situation, die wir damals vor dem Seminar zu sehen bekamen, war so: Oben auf dem Titelblatt der dicke Hammer. In Reichsbahnschienen stand das Wort »Informationen«, was hätte es anders sein sollen? Damals wurden die Sachen vereinheitlicht, sowohl bei dem »VK-Echo«, als auch bei den Betriebsratsveröffentlichungen und bei Flugblättern – für unsere damalige Sicht zu stark. Ein Problem, das sich später auch tatsächlich zeigte. Damals also neu: die Kursivstellung der Schrift, die zentrale Aussage wird rot, alles andere wird in schwarz gedruckt, es gibt keinen eingrenzenden Rahmen mehr, das Papier ist weiß. So war auch alles als neu zu erkennen.

Peter *Das war wichtig. Es gab ja hier vor Wahlen immer eine Papierschlacht: die DAG, die GUV, die Abspaltung von der IG Metall – alle verteilten hier regelmäßig. Unser eigenes Erscheinungsbild haben wir konsequent eingesetzt. Wir haben darum auch nicht mehr die zentral von der IG Metall zum Beispiel für Betriebsratswahlen vorgefertigten Sachen eingesetzt. Alles war eigenständig entwickelt.*

»Die eigene Identität wurde über die Medien vermittelt.«

PraxisInstitut Die eigene Identität wurde auch über die eigenen Medien vermittelt. Als Beispiel die 35-Stunden-Wochen-Kampagne.

Peter *Es gab bei der Diskussion über unsere Veröffentlichungen zur Betriebsratswahl 1987 vier zentrale Aussagen, man mußte sich aber entscheiden über die Wertigkeit. Eine Aussagen muß nach vorne, groß herauskommen: entweder der Betrieb, also MBB, oder das aktuelle große gewerkschaftliche Ziel die 35-Stunden-Woche, oder die Gewerkschaft selbst, also IG Metall oder der Anlaß, die Betriebsratswahl. Das waren die 4 Möglichkeiten für eine zentrale*

```
Vier Zeichen.
Welches muß groß kommen?
Nach welchen Kriterien
entscheiden wir?
```

Aussage. Wir haben MBB um die Aussage »Standort Bremen« ergänzt, also konkreter und erfahrbar gemacht. Nach vorne haben wir »IG Metall« gestellt, weil wir das waren. »1987« als Hinweis auf das Wahljahr druckten wir klein, das wußte ohnehin jeder. So brachten wir dann eine einheitliche Wahlwerbung für den gewerblichen Bereich und für die Angestellten heraus.

Johann Die Leute hier im Betrieb waren die Querelen und ewigen Auseinandersetzungen auch leid. Unser gemeinsames Auftreten kam dem Wunsch nach einem einheitlichen und starken Betriebsrat entgegen.

PraxisInstitut Diese neuen Plakate sind gut angekommen.

Peter Das Motto »gemeinsam« kam gut an. Die Kollegen haben die Plakate auch selbst gestaltend verändert: Es gab einige, die später von unserer gemeinsamen Gewerkschaftsliste abgesprungen sind. Da wurden dann aus den Plakaten alle anderen herausgeschnitten, übrig blieben die Bilder der Abgesprungenen und aus dem Wort »gemeinsam« wurde das »gem« herausgeschnitten, übrig blieb »einsam«. Oder diese vier Leute fanden ihre Bilder allein auf

gemeinsam
einsam
gemein

Auch wenn alles wichtig ist, eine Information muß zur zentralen Aussage werden, sonst wird alles gleich unwichtig.

dem Plakat zurückgelassen mit dem Wortrest »gemein«.

PraxisInstitut Aber mit dieser Wahl ward ihr noch nicht mit den innergewerkschaftlichen Problemen bei MBB in Bremen durch?

Peter *Wir hatten immer noch den alten Betriebsratsvorsitzenden, den alten Stellvertreter, nur, daß wir eben in der IG Metall die Mehrheit hatten. Wir waren auch gemeinsam mit den alten Leuten angetreten. Dann formulierten wir nach der Wahl 1987 unser Zukunftsprogramnm. Das war ein ganz entscheidender Schritt. Das hatten wir gemeinsam erarbeitet – aber schon im Vorwort hatten wir deutlich gemacht, daß wir das Programm nicht stellvertretend für die anderen durchsetzen wollten, sondern daß das nur mit allen gemeinsam in Betriebsrat und Gewerkschaft, in der ganzen Belegschaft erreichbar sei.*

PraxisInstitut Wenn wir uns das heute angucken: Da sind nicht nur ganz konkrete und später überprüfbare Forderungen drin, es gibt auch visionäre, utopische Zielvorstellungen. Visionen können sich als Sprüche entpuppen. Die Leute wollen das Machbare. Und das steht ja hier auch drin. Kam dadurch die Geschäftsleitung unter Zugzwang?

Peter *Noch nicht so, wie wir uns das dachten. Wir hatten nur ein halbes Jahr Ruhe, also politisch gesehen die Zeit, unsere Art der Arbeit umzusetzen. Da waren wir hier im Büro auch nicht die geliebten Kollegen. Mit allen Tricks wurden wir behindert: ewige Renovierungen unserer Räume etwa. Wir wußten auch von Versuchen, uns gemeinsam mit dem Arbeitgeber wieder rauszuschmeißen, am besten ganz aus dem Betrieb. Dann hat, wie schon erwähnt, der kleinere Teil der IG-Metall im Betriebsrat sich mit den »Unabhängigen« verbündet und so eine neue Mehrheit geschaffen. Das führte dann zu unserer Absetzung in den Ausschüssen und bei den Freistellungen. Wir waren auch schon hier auf dem Flur des*

Das ›Gemeinsame‹ Wahlplakat für Gewerbliche und Angestellte bei MBB Bremen 1987.

Betriebsrats. Also war dieser Coup zugleich ein Signal an die Geschäftsleitung, daß man auch inhaltlich und programmatisch auf bestimmte, vorher gemeinsam formulierte Dinge verzichten könne. Aber diese Zuspitzung führte dazu, daß selbst solche Kollegen, die im Vertrauensleutekörper bis dahin zu den alten Leuten im Betriebsrat gehalten hatten, sich von diesen abwandten. Das war denn doch ein zu großer Verrat an der eigenen Gewerkschaft im Betrieb, eine zu offensichtliche Postenjägerei. Das verstieß stark gegen das Demokratieverständnis der Gewerkschafter. So hatte dann der Betriebsratsvorsitzende bei Abstimmungen im Vertrauensleutekörper vielleicht noch eine oder zwei Stimmen für sich und hundert waren dagegen.

PraxisInstitut Da hätte er doch gar nicht zum Vertrauenleutekörper kommen müssen.

Peter *Mußte er doch, denn die Leute von der GUV haben von ihm verlangt, in der Gewerkschaft Position zu beziehen, Mehrheiten zurückzugewinnen, sonst ließ sich ein solches Bündnis nicht über die laufende Amtszeit retten.*

Manni *Die GUV-Leute haben es dem Betriebsratsvorsitzenden damals auch inhaltlich zugetraut, daß er Positionen im Vertrauenskörper durchsetzen könnte. Dem war aber schon nicht mehr so. So konnte im Betrieb auch keine konkrete Politik mehr laufen. Der Betriebsratsvorsitzende wurde auf Positionen festgelegt, für die er keine Mehrheit in der Gewerkschaft mehr fand. Da sind die Leute schon oft direkt zu uns gekommen, wenn sie wissen wollten, wie die Stimmung in der IG Metall war – und damit die Stimmung in dem größten Teil der Belegschaft. An diesem Punkt merkte wohl auch die Geschäftsleitung, daß es so nicht weitergehen würde. Der Leiter des Werkes will eine berechenbare Politik des Betriebsrates und nicht jeden Tag eine andere Position. Das ist ja auch richtig. Das haben die Leute von der GUV gemerkt. Da haben sie sich einen letzten taktischen Schachzug ausgedacht: Wenn sie selbst, die GUV-*

Leute, in die IG Metall eintreten, könnten sie dort die Mehrheitsverhältnisse ändern.

Peter *Das ging nicht auf. Sie waren immer hoffnungslos unterlegen im Vertrauensleutekörper. Und dann gab es erste Versuche der GUV, mit uns zusammenzuarbeiten und auf diese alte »Kanalarbeiterriege« zu verzichten. Das haben wir schließlich 1988 auch gemacht: Mit Hilfe der IG Metall haben wir alle Funktionen im Betriebsrat verändert, Positionen in den Ausschüssen und bei Freistellungen nach dem d'Hondtschen Berechnungsmodus demokratisch verteilt. Das war so eine Art »Große Koalition«. In der praktischen Arbeit zeigte sich unser Vorteil: wir hatten Programme und Zielvorstellungen. Wir merkten bald, daß wir mit einigen Leuten auf beiden Seiten, bei der GUV und bei der alten Kanalarbeiterriege, nicht mehr zusammenarbeiten konnten. Manche von denen, die erst nur taktisch in die IG Metall eingetreten waren, näherten sich auch unseren Positionen.*

PraxisInstitut *In dieser Zeit erwies es sich als Problem, daß Ihr für alles dies einheitliche Erscheinungsbild hattet. Die Vertrauensleute mußten in dieser Zeit wieder anders arbeiten als die Betriebsräte. Und so bewirkte ein einheitliches Erscheinungsbild nun inhaltliche Irritationen in der Belegschaft. Eure Art der Öffentlichkeitsarbeit hat auch ein offenes Vorgehen verlangt. Ist das der Grund, daß Ihr auch in der Zeit, als ihr hier mit der alten Garde im Büro gesessen habt, nicht auch aufs Ränkeschmieden und Postenschieben gekommen seid?*

Manni *Was da früher so abgelaufen ist in dieser Hinsicht, ist ja wirklich abstoßend. Die Leute haben dem Betriebsratsvorsitzenden geglaubt, auch wenn sie nichts verstanden haben. Oft war das echt widerlich. Uns hat das aber nicht infiziert. Bleiben wir bei unserem Arbeitsstil mit bewußter Öffentlichkeitsarbeit und Zieldefinition, demokratischem Konsens usw., müßten wir davor auch jetzt, wo hier auf dem Betriebsratsflur alles Leute von uns sitzen, davor*

»Wirkliche Öffentlichkeitsarbeit verlangt ein offenes Umgehen miteinander.«

geschützt sein. Aber den Absturz in Geheimniskrämerei und Postenschieberei verhindert man nur aktiv.

Peter 1988 war der Einstieg von Daimler Benz in den Konzern. Wir mußten ernsthaft um den Standort Bremen fürchten. Damals begannen wir uns mit unserer Art der Öffentlichkeitsarbeit nach außen zu wenden. Und auch da machten wir keine Geheimniskrämerei mit. Wir haben alles erzähll, was wir erfuhren. Das hat die Leute nicht verunsichert, im Gegenteil.

PraxisInstitut Und bei der letzten Betriebsratswahl seid Ihr, die Leute vom alten ›Gegenwind‹ dann für IG Metall angetreten?

Peter Und der Betriebsratsvorsitzende hat mit einer eigenen Liste gegen uns kandidiert. Das Ergebnis war klar: Es gibt 23 Mandate. Er hat ganze 4 bekommen mit seiner Liste. Die GUV haben wir von 10 auf 3 Sitze runtergekriegt. Einer ist schon immer in der DAG. Wir haben jetzt eine Mehrheit von 15 Stimmen. Weil der Kollege von der DAG gut mit uns zusammenarbeitet, ist das Mehrheitsverhältnis 16 zu 7. Im Angestelltenbereich, wo zu früheren Zeiten die GUV allein die Mehrheit hatte, haben wir mit dem DAG-Kollegen zusammen auch die Mehrheit.

PraxisInstitut Der letzte Wahlkampf hatte eine andere Qualität als die vorherigen?

> Die alten Parolen: »Kämpfen, kämpfen, kämpfen...«

Manni Wir haben wesentlich mehr Wert gelegt auf Kompetenz, Lebensfreude und Teamarbeit. Nicht mehr hingeschrieben haben wir die alten Parolen »Kämpfen, kämpfen, kämpfen...«.

Peter Wir haben zum Beispiel gemerkt, daß die Trennung zwischen Arbeitern und Angestellten inzwischen an der Realität vorbeigeht: sie arbeiten viel enger zusammen. Arbeiter und Angestellte behandeln ähnliche Themen. So haben wir zum ersten Mal ein gemeinsames Plakat für Arbeiter und Angestellte herausgebracht. Wir haben die Leute auch persönlicher vorgestellt, mit ihren Hobbys, mit persönlichen Aussagen. Wir haben eine Zwischenbilanz herausgegeben. Zur Wahl davor hatten wir ein recht konkretes Programm. Und jetzt vor der nächsten Wahl haben wir ehrlich Bilanz gezogen: Was haben wir erreicht, was wollen wir noch erreichen?

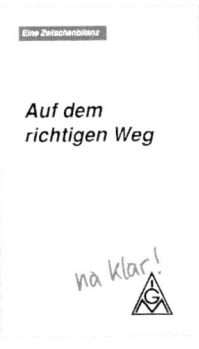

PraxisInstitut Dann gab es diese Aktion mit den »Fliegenmenschen«. Ihr habt eine Woche vorher die Plakate mit den gesichtslosen Menschen und den roten Fliegen ausgehängt.

Peter Die hingen überall im Betrieb. Die Leute fragten: Was soll denn das wieder? Alles Hohlköpfe oder was? An einem bestimmten Tag hatten wir uns alle so angezogen: rote Fliege umgebunden – und dann sind wir durch alle Bereiche des Betriebs gezogen, hatten kleine Schachteln mit Smarties, weil wir doch alle so smart sind. Auf den Schachteln war die Fliege abgebildet, IG Metall-Zeichen und der Schriftzug »Na Klar!« vom Plakat. Über diese Aktion ist unheimlich viel geredet worden. Und es kam wirklich gut an bei den Leuten.

Manni Vorher hatten wir Sorgen. Ist das nicht nur Unfug, oder wird das peinlich? Aber es war ganz toll. Wir sind in großen Gruppen gegangen, immer so fünf bis zehn Kandidaten.

PraxisInstitut Und jetzt noch die Sache mit den Festen:

Peter 1986 haben wir uns gesagt: Irgendwie muß mit dieser ganzen Sache auch Spaß verbunden sein, wir

Die Aktion mit den gesichtslosen »Fliegenmenschen«.

Titelseite und zwei Innenseiten: »Was haben wir erreicht? Was wollen wir noch erreichen?« Eine Zwischenbilanz zur Betriebsratswahl in einer handlichen Broschüre 110 x 175 mm.

machen eine Fete. Die erste Fete haben wir in der HfT-Mensa gemacht. Wir hatten Einladungen und Konzept mit dem PraxisInstitut erarbeitet und waren der Meinung, dann würden die Leute kommen. Aber es kam nur der »harte Kern«, ein Teil der Vertrauensleute, die ›Gegenwind‹-Szene mit Partnerinnen und Partnern. 200 Leute waren da. Hat Spaß gemacht, aber unser Ziel, neue Leute aus dem Betrieb anzusprechen, war nicht erreicht. 1988 war dann das gleiche im DGB-Haus, die HfT-Räume hatten wir nicht mehr gekriegt und neue Leute kamen auch nicht. Dann haben wir neu nachgedacht: Welche Bedürfnisse haben die Leute? Wir sind nicht von unseren Wünschen ausgegangen. Da muß man eben sehen, daß die Bremer zur Freimarktzeit lustiger sind. Das wollten wir sozusagen nutzen: hier in der Kantine direkt nach Feierabend gegen 15.30 Uhr sollte die Fete beginnen und so ab 21.00 Uhr auf dem Freimarkt ausklingen. Wir stellten das ganze unter ein Motto, »Südamerika«, engagierten eine passende Steel-Band, schmückten die Kantine mit Palmen und machten sie zum Urwald. Die Plakate und Einladungen waren entsprechend. Wir nahmen keinen Eintritt, wußten auch nicht so recht, welche Preise man nehmen sollte. Es kamen 600 Leute, vorwiegend aus dem Angestelltenbereich. Das war wohl auch ein Ausdruck einer Identifizierung mit dem Job und mit der Firma. Wir waren überwältigt. Im nächsten Jahr zogen wir das wieder so auf, jetzt wußten wir schon etwas besser, wie man das organisiert. Das Motto war »Frankreich«. Da war dann eine französische Band, das Essen paßte dazu, Weinstand und alles, was dazugehörte. Da kamen schon 850 Leute. Und im letzten Jahr war es dann proppevoll. Es müssen über 1000 Leute gewesen sein. Das Motto hieß »All together now – Europa«. Da griffen wir auch Fragen politischer Art mit auf: Ausländerhaß, multikulturelle Gesellschaft. Wir wollten das positiv besetzen.

Bewegte Zeiten brauchen besondere Betriebsräte na klar!

Manni *Wir machen in diesem Jahr wieder eine Fete, das ist ganz klar. Es sind auch immer viele Leute mit Spaß an den Vorbereitungen beteiligt.*

PraxisInstitut *Und der Arbeitgeber, wie verhält der sich?*

Peter *Er berichtete, bei seinen Kollegen im Konzern habe er zu hören gekriegt: Das ganze Jahr hast du Streß mit deinem Betriebsrat und dann gestattest du dem, in der Kantine zu feiern. Im letzten Jahr war das nicht mehr so. Dem Betrieb schadet es nicht. Aber wir wollen nicht, daß der Arbeitgeber sich finanziell beteiligt. Das ist unsere Fete, wir machen das, wir stehen hinterm Tresen und machen den Essensverkauf – es bleibt unsere Betriebsfete. Diesmal hat es auch ein Plus gegeben. Da haben wir hinterher nochmal eine Helfer-Fete gemacht, für alle, die daran beteiligt waren. So haben wir allen Mäklern und Kritikern gezeigt: bei uns gilt nicht nur Streiten und Kämpfen, Lebensfreude ist genauso angesagt.*

PraxisInstitut *Laßt uns noch mal über die Frage der Macht reden. Wir hatten vorhin gesagt, es besteht ein Einigungszwang untereinander, wenn man in der Opposition ist, weil man die Positionen eindeutig*

Die Sache mit den »Bewegten Betriebsräten«: das Plakat für's schwarze Brett und ein Aufkleber für überall.

aussprechen muß... Und jetzt hat man die Macht. Was macht man mit der Macht?

Peter *Also ein neues »Feindbild« nach außen brauchten wir nicht, »Der böse Unternehmer« oder dergleichen. Da haben wir nichts neu aktiviert. Wir sind auf unserer sachlichen Ebene geblieben. Wir haben auch Auseinandersetzungen nicht gescheut, aber eben klar, sachlich, offen und nicht emotional oder rein ideologisch. Aber nachdem nun unsere Politik erfolgreich war, wir also jetzt die vorher kritisierten Aufgaben selbst verantworten mußten, die »Macht hatten«, wie Du sagst, da stellten wir unter uns gewisse Verfallserscheinungen fest. Für einige war mit dem Erreichen dieses Ziels auch ihr persönliches Engagement zu Ende. Dafür hatten sie sich eingesetzt, das war erreicht, nun war es gut, und sie wandten sich anderen Lebensinhalten zu.*

> Der Weg ist das Ziel.

PraxisInstitut Der Weg war das Ziel?

Manni *Ja, für diese Kollegen war das so. Sie hatten Vertrauen zu anderen, sagten: Laß die man machen. An der Machtausübung wollten sie nicht teilhaben.*

Peter *Für die anderen waren die Probleme größer: Früher waren wir so etwas wie eine große Familie, haben vieles auch in der Freizeit gemeinsam gemacht. Nun stellten wir fest, daß das für einige nicht mehr so wichtig war. Die persönlichen Interessen waren unterschiedlich, es gab auch hier in der direkten Arbeit in den Ausschüssen neue Gruppierungen praktischer Zusammenarbeit. Nach gut einem halben Jahr hier im Betriebsratsbüro fingen wir an, uns in vielen Fragen zu streiten, hatten oft wenig Verständnis für die Positionen des anderen. In dieser Situation haben wir beschlossen, uns externe Hilfe zu holen. Dann haben wir mit einem Fachmann, der sich auch in Fragen der Gruppendynamik auskennt, ein Drei-Tages-Seminar gemacht. Wir sind den Fragen nachgegangen: Was für eine Gruppe sind wir jetzt überhaupt? Was hat sich in den Jahren verändert? Muß man sich lieben, um zusammenzuarbeiten? Das hat uns genützt, aber es hält nur eine ge-*

> »Muß man sich lieben, um zusammenzuarbeiten?«

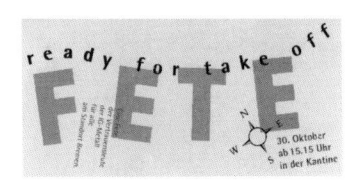

wisse Weile vor. Dann kommen neue Probleme auf und die gleiche zwischenmenschliche Situation ist wieder da. Jetzt wissen wir, man muß solche Gruppenprozesse kontinuierlich mitmachen. Zum Beispiel sehen wir heute folgendes Problem: In vielen Fragen müssen wir einfach projektorientiert arbeiten, haben aber gleichzeitig noch so eine Ausschußmentalität. Bei projektorientiertem Arbeiten geht es um konkrete Ergebnisse. In den Ausschüssen aber werden Sitzungen abgehalten, Tagesordnungen aufgestellt, der »Erfolg« ist schon da, wenn ein gutes Protokoll vorliegt. Aber das selbständige Arbeiten in Projekten führte zu Informationsverlusten bei anderen, Mißverständnisse kamen auf über das, was andere machten.

Manni *Das ist es mit der Macht: Bei unserem Verständnis hatte nun jeder die Möglichkeiten, eigene Ideen in die Tat umzusetzen. Und diese eigenen Ideen wurden und werden auch verteidigt und nicht einfach wegen des nach außen nötigen Konsenses wie in den Oppositionszeiten aufgegeben. Manche kriegten da auch ein bißchen Panik: alles zerfleddert, man weiß nicht mehr so genau, was ist richtig, was ist falsch. In der ganzen Gesellschaft sieht es ja zur Zeit ähnlich aus.*

Peter *In der Oppositionszeit haben wir einen Arbeitsstil gehabt, bei dem jeder an allem beteiligt war. Und*

Einladungen zu den Feten der Vertrauensleute der IG Metall für alle am Standort Bremen 1990, 1991 und 1992.

das ist jetzt anders. *Da reichen manchem plötzlich die Informationen nicht mehr. Oder man stellt fest, daß man das selbst ganz anders gemacht hätte, aber eben gar nicht beteiligt gewesen ist.*

PraxisInstitut »Die Tage der Commune sind vorbei, und Marx verging im Leipz'ger Allerlei« (G.Grass) Es liegt natürlich auch an der Zielprojektion. Bisher ging es darum, Macht zu erobern, um zu gestalten. Das ist jetzt erreicht. Was ist nun das nächste Ziel?

Peter *Für mich gab es eine Art persönlicher Krise. Ein viertel Jahr nach der Wahl, ein viertel Jahr hier in diesem Büro, da habe ich mir gesagt: Das kann es nicht gewesen sein. Ich will doch nicht hier meine Tage als »Sachbearbeiter« im Betriebsratsbüro fristen. Dafür bin ich nicht zehn Jahre lang durch den Scheuersack gegangen.*

Manni *Es gab auch die andere, denen genau dies als Ziel gereicht hat: ins Betriebsratsbüro zu kommen.*

»Gibt es ein Leben nach der Betriebsratstätigkeit?«

Peter *Wir hatten das ja nie diskutiert: Was ist das gesellschaftliche Ziel und was ist das eigene Ziel? Wir haben jetzt auch schon ganz offen über die Frage geredet: Gibt es ein Leben nach der Betriebsratstätigkeit? Konkret: Müssen wir uns beruflich darauf vorbereiten, auch etwas anderes machen zu können? Haben wir noch andere Interessen? Oder ist das hier die Endstufe, die wir beinhart verteidigen müssen? Wir wollen ja, daß die Leute im Betrieb auch autonomer arbeiten und entscheiden. Aber dann kommen sie auch nicht mehr schön zu mir und fragen mich, den Betriebsrat, um Rat.*

PraxisInstitut Hier werden auch neue Anforderungen an die Öffentlichkeitsarbeit gestellt. Der Schritt von den Ausschußsitzungen zur Projektarbeit ist der erste. Jetzt geht es um die Qualifikation des einzelnen. Da muß es neue Kommunikationsschienen geben, wenn wichtige Ziele in der neuen Situation erreicht werden sollen. Es werden jetzt die Kommunikationstrukturen aufgebaut werden müssen, die Mitte der 90er Jahre greifen. Guck Dich mal um hier im Büro des Betriebsrates. Der Aktentod an Resopalschreibtischen auf Filzfußboden. Du denkst, Du bist in einer Behörde. Vom Geist »Projektarbeit« nichts zu spüren. Von neuem Denken in der Gewerkschaftsarbeit schon gar nicht. Ihr müßt jetzt jederzeit mit jedem zusammenarbeiten können. Und ihr müßt jeden auch machen lassen. Da muß man nicht nur lernen, den Leuten zu vertrauen, ihr braucht einen Raum, in dem man sich frei bewegen und gemeinsam arbeiten kann – ein neues Ambiente im Betriebsratsbüro.

Manni *Wir sind ja auf dem Wege. Wenn Du vor acht Jahren hier ins Büro kamst, konntest Du in keinen Ordner gucken, alles war geheim und verschlossen. Das ist jetzt ganz anders. Wer jetzt kommt und inhaltlichen arbeiten will, bekommt natürlich den Zugang zu allen Informationen und zu unseren Arbeitsmitteln. Wie soll es sonst gehen. Ein Problem dabei ist, daß die Leute im Betriebsratsbüro oft als so starke Persönlichkeiten auftreten, so kompetent wirken, daß die anderen Kollegen Angst davor haben und sich eben nicht trauen, hier selbständig mitzuwirken.*

PraxisInstitut Man wird sich etwas neues einfallen lassen müssen, denn die einfache Methode »Laissez-Fair«, man läßt die anderen einfach machen, geht nicht. Als positive Strategie muß entwickelt werden, Menschen eigenständig wirken zu lassen ohne Angst um die eigene Macht. Wobei auch diese Angst um die eigene Macht zu hinterfragen ist.

Peter *Entsprechend haben wir jetzt unsere Informationspolitik umgestellt. Es geht nicht mehr darum, ob die Quelle die Gewerkschaft, der Betriebsrat, dieser oder jener Ausschuß usw. ist. Es geht um Inhalte. Die Inhalte stellen die Überschrift: Thema »Umwelt«, »Frauen«, oder »Gesundheit im Betrieb«. Da kann sich jeder entscheiden, ob er sich dieser Information widmen will oder nicht, ob ihn das interessiert oder nicht. Steht da nur IG Metall darauf und ich erfahre erst beim Lesen, worum es geht, und es interessiert mich gar nicht – das ist Lesen zum Angewöhnen.*

»Steht da nur IG Metall drauf und ich erfahre erst beim Lesen, worum es geht, und dann interessiert es mich gar nicht – das ist Lesen zum Abgewöhnen.«

Vertrauensleute

Deutsche Airbus
Standort Bremen

$Bildung$

Deutsche Airbus
Standort bremen

Ges$_{und}$heit
Umwelt

Deutsche Airbus
Standort Bremen

Deutsche Airbus
Standort Bremen
Via
zweitausend

Frauen
Deutsche Airbus
Standort Bremen

Jugend Deutsche Airbus
Standort Bremen
Jugend- und
Auszubildenden-
vertretung

*Das neue
Erscheinungsbild:
die Inhalte stellen die
Überschrift*

Ein kleines Grafik-Lexikon zu Konzeption, Text und Gestaltung.

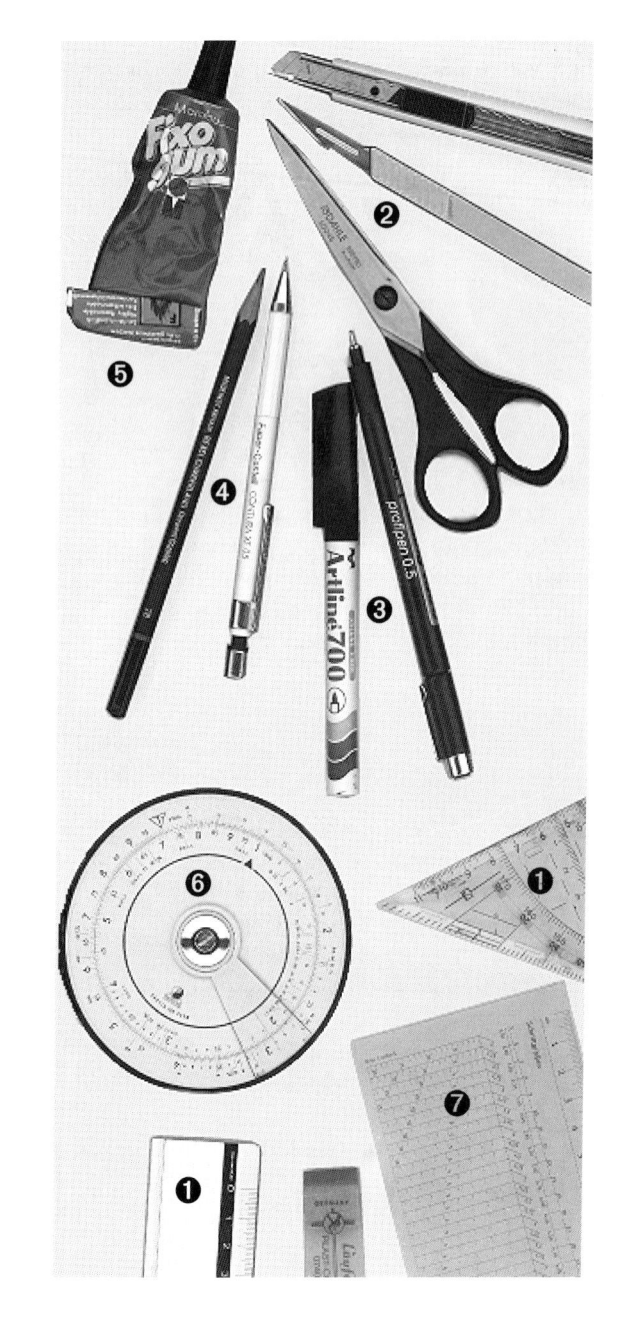

Abreibebuchstaben

Im Zeitalter der Computer verschwinden sie immer häufiger von den Schreibtischen. Und doch: Fachgeschäfte für Zeichenbedarf führen sie noch.

Die Buchstaben werden von einer Trägerfolie auf das Papier abgerieben. Es gibt dafür spezielles Werkzeug, es geht aber auch alles, was ein glatte runde Spitze hat, z. B. ein leerer Kugelschreiber

Wenn der Buchstabe grau erscheint, zeigt das an, daß er richtig auf dem Papier haftet

Bleistiftlinie als Anlage

Markierungen nicht durchreiben

Absender

Jedes Medium sollte seinen Absender nennen. Deutlich, aber nicht größer als das Thema (nicht lachen, das passiert gerade Gewerkschaften des öfteren). Oft genügt das Logo an markanten Punkten (oben links, unten rechts, ...). Manchmal ist es sogar zweckmäßig, den Absender möglichst klein zu halten (vgl. ZoT-Kampagne). Auf jeden Fall sollte er zu finden sein, auch um das Presserecht (v. i. S. d. P.) nicht allzu sehr zu strapazieren.

Anstecker

→ Button

Anzeigen

→ Kleinanzeigen

Arbeitsmaterial

① Lineal und Geo-Dreieck, Metall-Lineal mit Stahlkante zum Schneiden (auf einer Schneidematte aus weichem Kunststoff geht es besonders gut)
② Cutter in verschiedenen Größen, Scheren
③ Fineliner gibt es von 0,1 bis 0,7 mm, dickere Filzschreiber zum Ausmalen größerer Flächen und zum Skizzieren
④ harte Bleisteifte (2H, 4H) für Markierungen und Hilfslinien, weiche Bleistifte (ab 2B) zum Zeichnen und Skizzieren
⑤ Gummikleber (für größere Flächen in einer Flasche mit Pinsel)
⑥ Rechenscheibe zum Vergrößern/verkleinern von Bildern
⑦ Typometer

Artikel Knackige Überschrift, kurzer und prägnanter Einlauftext, spannende und bildhafte Sprache, wörtliche Rede und Zitate, klare Trennung von Meldung und Meinung, bei längeren Artikeln Zwischenüberschriften, Verzicht auf parolenhafte Kommentare (»... Da kann man mal sehen ...«) oder Aufrufe (»Heraus zum 1. Mai«).
Immer aus der Sicht der LeserInnen schreiben: Interessiert das wirklich? Würde ich das selbst gern lesen? Wird mir hier eine Meinung eingetrichtert?

Aufkleber Es gibt wetterfeste aus PVC, die im Siebdruck und Papieraufkleber, die im Offsetdruck (→ Druck) hergestellt werden. Wenn sie ihren Zweck erreichen und nicht zur allgemeinen ästhetischen Umweltverschmutzung beitragen sollen, müssen sie schon sehr witzig und gut gestaltet sein, d. h. einen sinnvollen Beitrag innerhalb des gesamten Erscheinungsbildes bringen. Da meist mehrere Aufkleber auf einem Druckbogen gedruckt und hinterher auseinandergeschnitten werden, besteht auch die Möglichkeit, mit geringem Aufwand verschiedene Motive zu drucken.

Ausstellung Hier gilt im Prinzip dasselbe wie bei jeder Veröffentlichung: gute zeitliche und organisatorische Vorarbeit ist alles. Am Anfang steht natürlich die Materialbeschaffung – Informationen, Texte und v. a. Bildmaterial. Zusätzliche dreidimensionale Exponate machen eine Ausstellung viel interessanter, als auschließliche Beschränkung auf »Flachware«. Auch eine zusätzliche → Diaprojektion ist sehr attraktiv (Stühle hinstellen, da können sich die Besucher ausruhen und bleiben trotzdem im Thema). Bei der Gestaltung der Tafeln sollte ein → Gestaltungsraster zugrunde liegen, daß Ordnung und Struktur schafft. Die Texte so kurz wie irgend möglich halten.
Den eigentlichen Aufbau bereitet man am besten auf einem Grundriss des Ausstellungsraums vor oder – noch besser – mit kleinen Kopien der Tafeln auf Karton. Der Besucher muß klar erkennen können, wo die erste Tafel steht und wie der weitere Ablauf ist.
Die Möglichkeit der Erweiterung und Aktualisierung der Ausstellung sollte man schon am Anfang mitbedenken.

Oft bringen die Besucher noch neues und interessantes Material.
Soll die Ausstellung an verschiedenen Orten gezeigt werden, ist ein leichtes und einfach aufzubauendes Ausstellungssystem besonders wichtig. Die Frage der Beleuchtung und des Stromanschlusses muß vorher geklärt werden.
Für die Organisation eines Büchertisches kann man mit einer Buchhandlung zusammenarbeiten. Natürlich muß dann eine ständig anwesende Betreuung sichergestellt sein.
Die Eröffnung sollte nicht feierlich sondern informativ sein. Bei einem historischen Thema könnten z. B. Zeitzeugen erzählen, es könnte eine Talkshow oder Expertenrunde veranstaltet werden. Und es sollte Zeit und Raum zum Meinungsaustausch sein, wobei Getränke und Essen eine gute Hilfe sind.
Ein bis zwei Tage vor der Eröffnung zum Pressetermin in die (möglichst fertig aufgebaute) Ausstellung einladen.

Auszeichnung

Die Hervorhebung einzelner Worte oder Abschnitte in einem Text. Hierzu gibt es verschiedene Möglichkeiten: Die S p e r r u n g macht das hervorzuhebende Wort schlecht lesbar und reißt optisch ein Loch in den Text. VERSALIEN (Großbuchstaben) sind ebenfalls nicht gut lesbar. Bei der Unterstreichung werden die Unterlängen (hier das g) durchgestrichen. Besser ist, für die Hervorhebung die **fette** oder *kursive* Version der Schrift zu verwenden.

Blocksatz

→ Satz

Betriebszeitung

→ ZIK-Geschichte (Seite 12 ff)

Brainstorming

Eine der vielen Kreativmethoden zur Ideenfindung in Gruppendiskussionen. Alle Gedanken werden spontan geäußert und schriftlich festgehalten. Wichtigste Regel: Kritik ist verboten. Bewertung und Beurteilung der gesammelten Ideen erfolgen anschließend. (→ Titel und Namen, → Ideenfindung).

Briefbogen

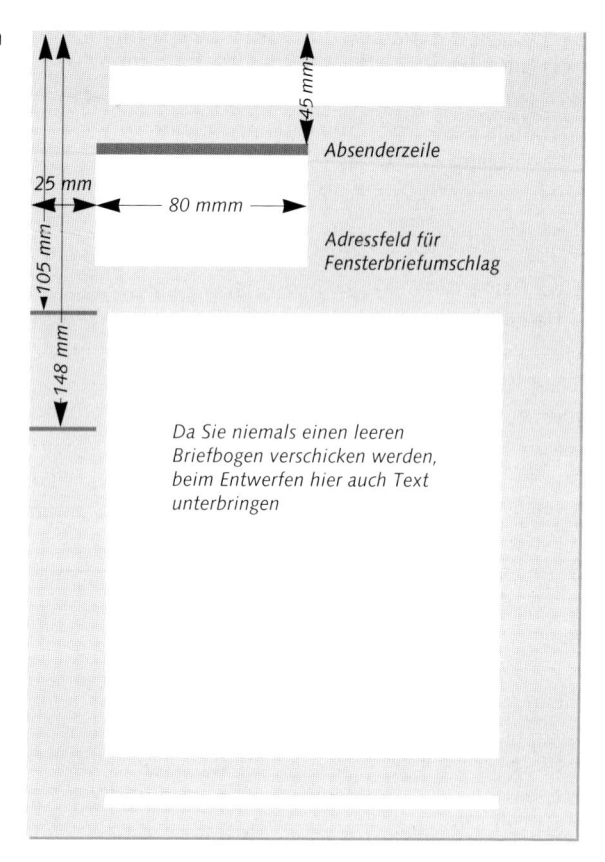

45 mm
25 mm
80 mmm
105 mm
148 mm

Absenderzeile

Adressfeld für
Fensterbriefumschlag

*Da Sie niemals einen leeren
Briefbogen verschicken werden,
beim Entwerfen hier auch Text
unterbringen*

Standard-Briefbogen DIN A4 (297 x 210 mm)

Broschüre In einen Papier- oder Kartonumschlag geheftete Druckschrift. Der Umfang ist technisch gesehen durch die Art der Bindung begrenzt. (Heftbindung mit Klammern durch den Falz, Klebebindung, die nicht allzu haltbar ist). Die Anzahl der Innenseiten muß immer durch 4 teilbar sein; also: 4, 8, 12 usw.
Die Broschüre ist das Medium für Veröffentlichungen mittlerer Haltbarkeit: Dokumentationen, Informationen, Ratgeber, Ausstellungskataloge, Reader zu Veranstaltungen.

Button

Es gibt kleine Maschinen zur Buttonherstellung, die ca. 800 DM kosten und die man deshalb besser leiht.Allerdings ist die große Zeit der Buttons vorbei. Für bestimmte Aktionen z. B. mit Kindern, kann man es aber wieder mal probieren, als Angebot zum Selbermachen.

Computer

→ DTP

Demonstration

Eine Demonstration hat immer zwei Zielgruppen: die Öffentlichkeit und die Teilnehmer selbst. Für beide muß die Wirkung bedacht werden. Es reicht also nicht, Transparente zu malen und dann loszumarschieren, es müssen auch andere Ausdrucksformen gefunden werden, wie z. B. Straßentheater, Kostümierung (und nicht immer den obligaten Sarg, in dem Firma, Chef oder Branche zu Grabe getragen werden!). Andere Formen der Information, als nur Flugblätter für Passanten (z. B. fliegende Info-Stände). Musik bei Marsch und Kundgebung, Essenstände, ambulante Ausstellungen, Folklore und Aktionen auch am Kundgebungsplatz.

Dialog

Gebräuchlich für eine Unterredung zwischen zwei oder mehreren Personen. Wir meinen hier die Dialogorientierung von Medien: »Ich habe etwas mitzuteilen, mich interessiert aber genauso die Meinung der LeserInnen«. Also müssen entsprechende Möglichkeiten zur Äußerung geschaffen werden (Coupon, Preisausschreiben, Telefon, Fragebogen usw.).
Bitte nur nach ernsthaften Äußerungen fragen. Keine Verarschungen, wie sie in den meisten Preisausschreiben zur Erinnerungswerbung üblich sind (»Wieviel Buchstaben hat unser Produkt Copa-Cola?«).

Diaprojektion

Eine gute und schnelle Möglichkeit um Zustände oder Geschehnisse zu dokumentieren, im Rahmen von Veranstaltungen, Info-Ständen, Ausstellungen. Bei den meisten Einsätzen sind automatische Tageslichtprojektoren sinnvoll, die das Bild auf eine Mattscheibe projezieren und ein Rundmagazin haben – das erspart den ständigen Magazinwechsel. Durch Textdias (mit SW-

Diaprojektion   Film von Papiervorlagen abfotografiert, weiße Schrift auf schwarzem Grund ist besser lesbar und vermeidet, daß die BetrachterInnen geblendet werden) können zusätzliche Informationen gegeben werden. Solche Projektoren können ausgeliehen werden. Die Verleihfirmen bieten meist auch Beratung und Technik für aufwendigere Dia-Shows mit Vertonung und mehreren Projektoren, mit denen sich die Bilder überblenden lassen.

DIN Formate

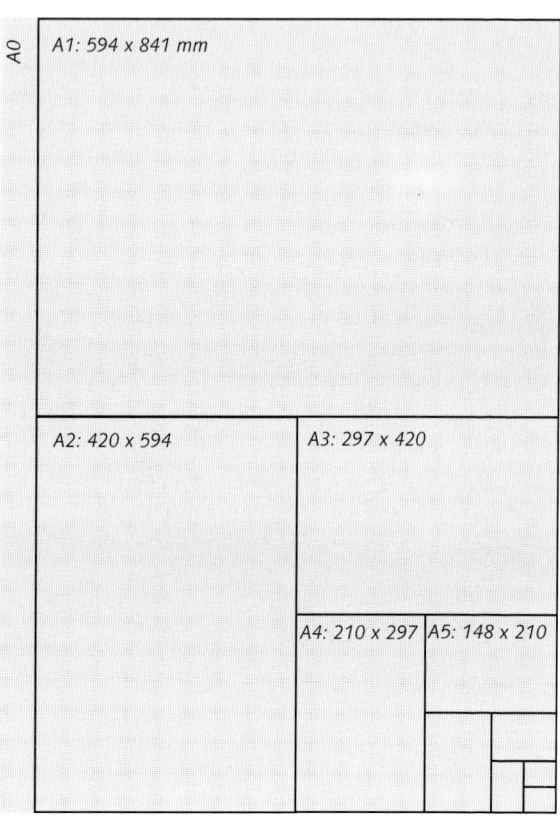

A0
A1: 594 x 841 mm
A2: 420 x 594
A3: 297 x 420
A4: 210 x 297
A5: 148 x 210

A0: 841 x 1189 mm

A6: 105 x 148
A7: 74 x 105
A8: 52 x 74

A9: 37 x 52
A10: 26 x 37

Druck

Flachdruck Sein Prinzip beruht auf der gegenseitigen Abstoßung von Fett und Wasser. Das Druckbild wird fotografisch auf die beschichtete Druckplatte übertragen und mit chemischen Mitteln gehärtet und dann mit einem fettfreundlichen Mittel präpariert (1). Feuchtwalzen (2) sorgen für gleichbleibende Feuchtigkeit. Die Farbwalze (3) färbt das Druckbild mit fetthaltiger Farbe ein. Der Druckbogen wird aufgelegt (4) und zusammen mit der Druckform durch die Presse geführt (5). Die dabei übertragene Druckfarbe ergibt das Druckbild.

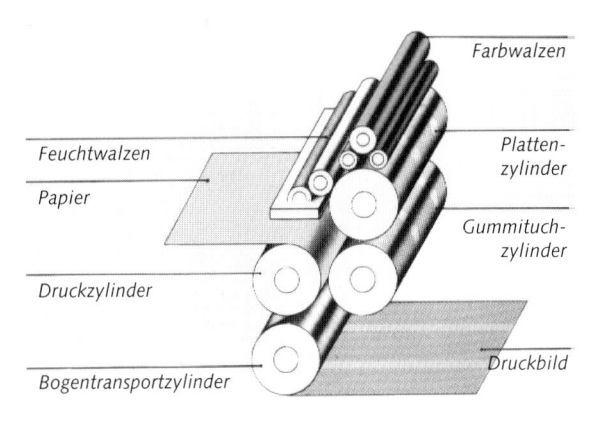

Offsetdruck Hier handelt es sich um ein indirektes Flachdruckverfahren. Das Druckbild gelangt vom Form-

Druck

zylinder auf den Gummituchzylinder und wird erst von diesem auf den Druckbogen übertragen. Das Gummituch bietet den Vorteil, daß das Druckbild sauberer und klarer auf Papier oder andere Materialien übertragen wird.
Offsetdruck ist das vielseitigste Druckverfahren, es eignet sich für kleine und große Auflagen, für schwarzweiße und für Vierfarbdrucke.

Siebdruck: das Sieb (1) besteht aus feinmaschiger Gaze, die über einen Rahmen gespannt ist und wird mit einer lichtempfindlichen Schicht versehen. Durch die Druckvorlage (Film oder geschnittene Schablonen) hindurch belichtet, härten die nichtdruckenden Teile aus; die druckenden Teile werden mit Wasser ausgewaschen (2). Der Druckbogen wird unter das Sieb gelegt (3) und beim Mehrfarbendruck an einer Anlage ausgerichtet. Dann wird mit dem Gummirakel die Farbe durch das Sieb gedrückt. Die Farbe gelangt an den ungeschützten Stellen des Siebes auf den Druckbogen und läßt das Druckbild (5) entstehen. Mit Siebdruck können die unterschiedlichsten Materialien (Plastik, Stoff) und Formen (Flaschen, Verpackungen) bedruckt werden.

DTP

= »Desktop Publishing« war ursprünglich ein Werbeschlagwort, daß sich als Fachausdruck durchgesetzt hat und bezeichnet die Herstellung von Drucksachen von der Texterfassung und -gestaltung über Layout und Einbindung von Abbildungen bis zur Druckvorlage oder dem Druck mit dem Laserdrucker mittels eines PC. Wichtigste Voraussssetzung dazu war eine realistische Bildschirmdarstellung (WYSIWYG - What You See Is What You Get), die Maus als weiteres Eingabeinstrument neben der Tastatur und Programme, die intuitives und einfaches Arbeiten ermöglichten. Inzwischen hat sich DTP enorm weiterentwickelt und ganze Berufszweige in der grafischen Industrie grundlegend verändert. Vorher getrennte Bereiche wie Entwurf, Satzerstellung, Reproduktion von Schwarzweiß- und Farbbildern, Herstellung von Druckvorlagen können jetzt von einer Person mit immer komplexeren und leistungsfähigeren Programmen und Geräten erledigt werden. Auf der einen Seite hat das zu einem Qualitätsverlust geführt – ein guter Grafiker oder Entwerfer ist nicht automatisch auch ein guter Setzer oder Lithograf – auf der anderen Seite aber auch zu einem enormen Zuwachs an gestalterischen Möglichkeiten.

»Erfunden« und in Gang gebracht wurde DTP durch die Firma Apple Macintosh, deren Grafik-Computer zusammen mit den dafür angebotenen Programmen und Peripheriegräten immer noch führend sind. V. a. nach der

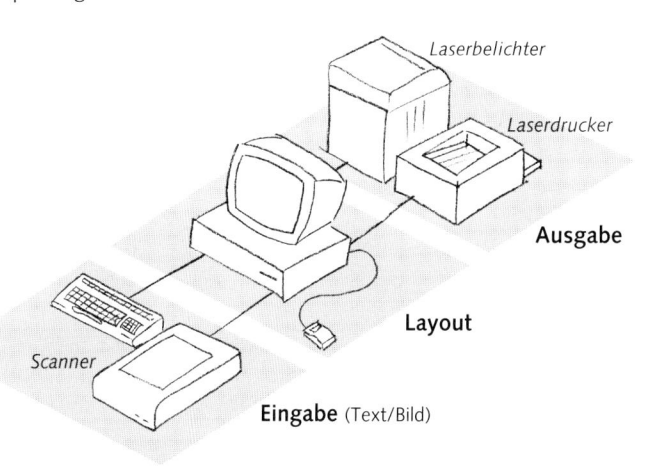

Laserbelichter

Laserdrucker

Ausgabe

Layout

Scanner

Eingabe (Text/Bild)

Einführung von »Windows« läßt sich DTP auch gut (und meist auch preisgünstiger) mit DOS-Rechnern machen, zumal fast alle relevanten Grafik-Programme inzwischen auch in Versionen für dieses Betriebssystem erhältlich sind. Als drittes System sind noch »Atari«-Computer und -programme zu nennen.
Die verbreitesten Programme für DTP sind:
- Texterfassung: Word, Word-Perfect, McWrite
- Layout (das sind die eigentlichen DTP-Programme): *Pagemaker, Quark Xpress, Ventura*
- Grafik: *Freehand, Illustrator, Corel Draw*
- Bearbeitung von Bildern, die mit dem Scanner digitalisiert werden: *Photoshop, Cirrus* oder die Programme, die mit dem jeweiligen Scanner geliefert werden.

Daneben gibt es auch Programme, die mehrere Funktionen kombinieren: *Calamus* für Atari (Grafik, Layout) oder *Ragtime* (für Apple) als Kombination von Datenbank, Textverarbeitung und Layout.

Und wie wird aus dem Layout im Computer ein gedrucktes Flugblatt oder Broschüre? Bei geringerem Qualitätsanspruch dient der Ausdruck aus dem Nadel- oder Laserdrucker als Kopiervorlage (bei geringer Auflage) oder wird vom Drucker mit der Reprokamera auf Film kopiert, mit dem dann die Druckplatte belichtet wird (> Druck, Offset). Bei höherem Qualitätsanspruch und gescannten Fotos werden die gestalteten Seiten mit einem Laserbelichter in hoher Qualität direkt auf Film belichtet. Hierfür gibt es inzwischen »Belichtungs-Studios«, die die Seiten von der angelieferten Diskette belichten. Bei der ersten Zusammenarbeit sollte man sich ein bißchen Zeit nehmen, sich beraten lassen und absprechen, in welcher Form die Daten geliefert werden und was alles dazugehört. Kein Belichtungsstudio ist begeistert, wenn man mit einem Stapel Disketten auftaucht und mal eben ein Buch ausbelichtet haben möchte. Auch größere Druckereien bieten DTP-Belichtungen als Service an.

Noch drei Hinweise: DTP-Programme bieten eine enorme Zahl gestalterischer Möglichkeiten – man sollte der Versuchung wiederstehen, sie alle auf einer Seite unter-

zubringen. Gute Planung – ganz herkömmlich mit Papier und Bleistift – verhindert, daß man sich in einem Wust verschiedener Dateien und Entwürfe verheddert. Und: in regelmäßigen Abständen eine Sicherungskopie auf Diskette machen.
Es gibt eine ziemliche Auswahl an Büchern über DTP und einzelne Programme, die allerdings noch schneller veralten, als Soft- und Hardware. Generell ist aber die Computer-Reihe im Rowohlt-Taschenbuch Verlag zu empfehlen, z.B. den »Mac-Reiseführer« als erste Einführung in das Apple System oder »Computer-Grafik«.

Durchschuß

Ist der Zeilenabstand gemessen am Abstand der Schriftlinien. Faustregel für Durchschuß: Schriftgröße + 25 %, d.h. bei einer 10 Punkt-Schrift 12,5 Punkt Durchschuß. Einer größerer Durchschuß wirkt etwas eleganter, der Textblock zeigt einen helleren Grauwert, erschwert allerdings die Lesbarkeit. Der Durchschuß in diesem Absatz beträgt 12 pt bei Schriftgröße 9 pt.
Zu geringer Durchschuß erschwert die Lesbarkeit aber wesentlich mehr, das Auge verliert leicht den Anschluß an die nächste Zeile. Es ist dann besser, die Schrift kleiner zu wählen. Dieser Absatz ist – bei gleicher Schriftgröße – mit einem Durchschuß von 10 pt gesetzt.

Einladung

Die kann sehr unterschiedlich aussehen, sollte aber schnell und deutlich auf drei Fragen Antwort geben:
– Was findet statt? (das kann auch durch Bilder mitvermittelt werden)
– Wo findet es statt?
– Wann findet es statt? (Datum nicht »09.07.93« sondern: »Freitag 9.7.93« Uhrzeit nicht »09.00 h« sondern »9.00 h«, »9 Uhr« oder »9^{00} Uhr«).

Erscheinungsbild

Das sichtbare Abbild einer Idee, eines Projektes, einer Institution, Person, usw.. In der Öffentlichkeitsarbeit auch als »visuelles Erscheinungsbild« oder »Corporate Design« bezeichnet. Gemeint sind alle sichtbaren Formen aus denen sich ein Gesamterscheinungsbild zusammensetzt:

| Erscheinungsbild | – externe Medien: Signet, Hausschrift und -farbe, Geschäftspapiere, Messestände, Kataloge…
– interne Medien: Formulare, Betriebs-, Hauszeitschrift, geltende Tarifverträge und Betriebsvereinbarungen, Geschenke, Auszeichnungen…
– Architektur innen: Info- und Orientierungssysteme, Eingangsbereich, Raumgestaltung, Beleuchtung, Belüftung, Möbel, Eigen- und Fremdwerbung…
– Architketur außen: Gebäudekennzeichnung, Zufahrten, Parkplätze (Auto/Fahrrad), Außenanlagen, Außenwerbung…
– Arbeitsplätze: Beleuchtung, Möblierung, Raumgstaltung, Aufenthalts-, Pausenräume, Kantinen…
– Sachmittel: Geräte, Kleidung, Fahrzeuge… |

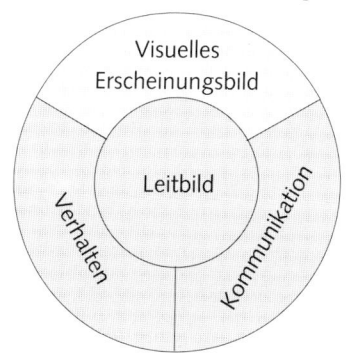

Das visuelle Erscheinungsbild ist Teil der gesamten Erscheinung und Identität

Je einheitlicher und abgestimmter das Erscheinungsbild, desto geringer die Mißverständnisse und Verwirrungen. Desto größer die Sicherheit, daß die gewünschten Informationswirkungen auch eintreten. Das Erscheinungsbild sollte regelmäßig überprüft und ggf. angepaßt werden (→ Identität, → Image).

Externe Beratung Hilfe von Außen zur Überwindung von Blockaden in der Zukunftsentwicklung und/oder Zielfindung, die durch den Binnenblick entstehen und sich oft in Killerphrasen äußern (»Das haben wir noch nie so gemacht, das kostet zuviel, …«). Notwendig, wenn Dialoge durch festgefahrene Rollen nicht mehr stattfinden oder Rollenwechsel (Karriere) Probleme verursachen bzw. zur

Vorbeugung solcher Entwicklungen (ständige externe Begleitung/Coaching). Besonders geeignet für sachlich und zeitlich beschränkte Spezialfragen wie z. B. Steuerberatung, Kostenrechnung, spezielle Kampagnen in der Öffentlichkeit o. ä. Bei Einsatz externer BeraterInnen unbedingt auf Professionalität und Erfahrung achten. Referenzliste schicken lassen, Beispiele aus der Erfahrung erläutern lassen. Klare Problembeschreibung und Anforderungen formulieren.

Faltblatt

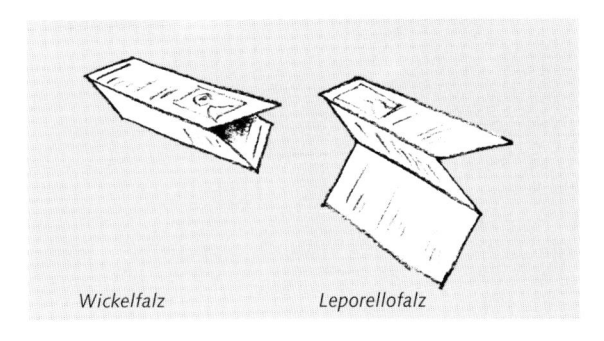

Eine Drucksache aus *einem* Blatt Papier, daß in irgendeiner Weise gefaltet ist. Am verbreitetsten sind Wickelfalz und Leporellofalz. Durch die Seiten, die sich durch die Falzung ergeben, erhält die Information eine Gliederung. Im übrigen gilt das bei → Flugblatt gesagte.

Wickelfalz *Leporellofalz*

Farbe

Schon immer hat es Bemühungen gegeben, Regeln und Systeme für die Bedeutung von Farben aufzustellen. Wie schwierig das ist, mag ein kleines Beispiel zeigen. »ROT« ist Aggression (»Rot sehen«), aber auch Liebe, ist Blut und Gefahr, aber auch die Wärme und Energie des Feuers. Es hat eine Bedeutung als politisches Symbol. Gemischt mit Blau wird es zum königlichen Purpur, mit Gelb zum auffälligen, energischen Orange. Auch die physiologische Wahrnehmung von Farben ist von einer Unzahl verschiedener Faktoren abhängig, der Oberfläche, Größe und Form des farbigen Gegenstandes, der Beleuchtung, den Farben im Umfeld. Auch dazu ein Beispiel: ein neutrales Grau erscheint in einem

Farbe

roten Umfeld grünlich, in einem gelben Umfeld bläulich, weil das Auge dazu neigt, die jeweilige Komplementärfarbe zu ergänzen.

Ein einfaches Farb-System zeigt die folgende Darstellung. Die 6 Grundfarben sind unterstrichen. Auf dem Ring liegen die Farben ohne Beimischung von Weiß oder Schwarz, nach innen nimmt ihr Buntgrad in Richtung weiß, nach außen in Richtung Schwarz ab.

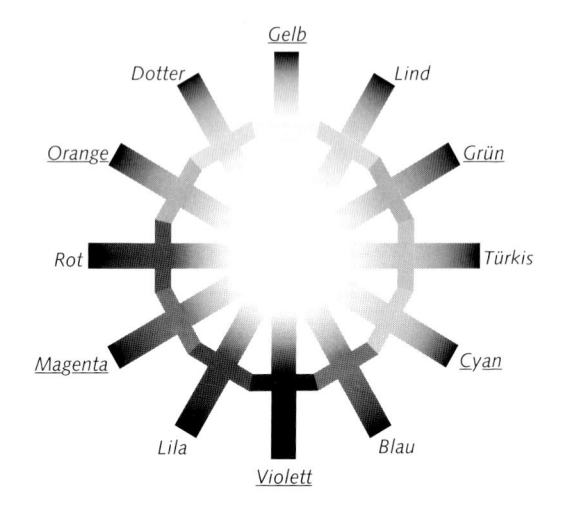

An dieser Grafik lassen sich einige Regeln zu Farbharmonie und -kontrast deutlich machen:

Farbharmonie
- Farben, die sich im Farbkreis gegenüber liegen (Komplementärfarben), wenn sie ein wenig mit der in der gleichen Richtung danebenliegenden Farbe gemischt sind (z.B. Gelb mit etwas Grün, Violett mit etwas Cyan)
- Farbnuancen, die zwei, drei oder vier Farbstrahlen auseinander liegen (z. B. Gelb zu Orange, Rot oder Magenta)
- Farben die auf dem gleichen Farbstrahl liegen, weil bei Ihnen das Merkmal Buntart ähnlich ist.
- Farbnuancen, die auf konzentrischen Ringen der Darstellung liegen, weil bei ihnen das Merkmal Buntgrad ähnlich sind

Farbkontrast:
- Farben, die sich im Farbkreis gegenüberliegen (Komplementärfarben)
- Farben mit großem Helligkeitsunterschied (z. B. Gelb – Violett)
- Bunt – Unbunt = hoher Anteil von Weiß oder Schwarz

Es gibt verschiedene Möglichkeiten der Farberzeugung bei Drucksachen:

Farbiges Papier macht die Drucksache auffälliger oder stellt sie in den Zusammenhang eines Erscheinungsbildes (Leitfarbe); Fotos oder aufgerasterte Abbildungen wirken leicht flau, da durch das fehlende Weiß des Papiers der Tonwertumfang geringer wird.

Die Verwendung von *Volltonfarben* erlaubt die farbige Hervorhebung einzelner Elemente. Die farbigen Elemente müssen auf einem separaten Film (Farbauszug) ausgegeben sein, was der Drucker mit der Reprokamera oder der DTP-Lyouter am Bildschirm machen kann. Was farbig gedruckt werden soll, muß auf der Vorlage schwarz erscheinen. Durch unterschiedliche → Raster lassen sich hellere Farbtöne erzeugen (Mischung der Farbe mit dem Weiß des Papiers). Zur Verständigung mit dem Drucker gibt es zwei gebräuchliche Systeme: HKS und Pantone. Farbfächer (in gutsortierten Geschäften für Zeichenbedarf erhältlich) zeigen die jeweilige Farbpalette (bei HKS-Fächern auch einige Abstufungen durch Raster), die durch Nummern gekennzeichnet ist.

Im *Vierfarbendruck* werden Farben durch die Mischung aus den drei genormten Farben Cyan (= helles Blau), Magenta (= Violettrot) und Gelb sowie Schwarz erzeugt (→ Druck). Im Prinzip können so alle Farben erzeugt werden, allerdings sind immer vier Druckvorgänge erforderlich, was die Sache erheblich verteuert.

→ Satz	**Flattersatz**
= Lauftext , → Textarten	**Fließtext**
Medium für schnelle Informationsübermittlung und von kurzer Lebensdauer. Die Entscheidung »nehm' ich's?«	**Flugblatt**

fällt in Sekundenbruchteilen. Die Gestaltung muß darauf abgestellt sein: es muß sofort zu sehen sein, worum es geht (Headline), wer der Absender ist (→ Wiedererkennungswert, → Erscheinungsbild, → Faltblatt).
Und: auch der Verteiler spielt bei der Entscheidung »nehm' ich's?« eine wichtige Rolle, es sind hier die gleichen Fragen zu stellen.

Fläche Es bringt nicht viel, alle Elemente einer Gestaltung gleichmäßig über die Fläche zu verteilen oder nach einem abstrakten Ordnungsprinzip zu arrangieren (z. B. alles an der Mittelachse ausrichten). Es soll vielmehr eine Spannung zwischen den einzelnen Elementen und der freien Fläche entstehen.

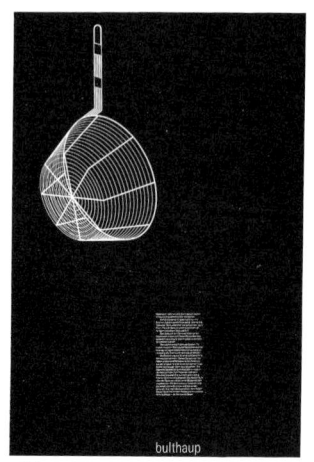

Plakat für einen Küchenhersteller
Entwurf: Hans Neudecker

Formate → DIN-Formate

Fotografie In den letzten Jahren hat sich die Menge der allgemein zugänglichen Informationen und hier v. a. der Bildinformationen vervielfacht. Der Empfang von 20 Fernsehkanälen, darunter auch einigen Nachrichtensendern, überschüttet uns geradezu mit Bildern, die einen Anschein von Realität geben sollen. Wir haben inzwischen gelernt, hier mißtrauisch zu sein, oder wir verschließen die Augen vor dem Zuviel an Information. Da liegt vielleicht der Gedanke nahe, bei unserer Gestaltung auf Fotos zu verzichten. Das wäre aber nicht richtig, den der Mensch empfängt nun mal mehr als 80 % seiner Information über die Augen und das Betrachten eines Fotos geht viel schneller als das Lesen einer Beschreibung. Es ist nicht Verzicht, sondern Qualitätssteigerung angesagt. Es ist schwer, Regeln für ein gutes Foto aufzustellen – aber man erkennt es. Beschränkung auf das Wesentliche, auf eine Aussage, ungewohnte Perspektiven auf alltägliche Motive und eine gute handwerkliche Qualität (die mit modernen Kleinbildkameras viel leichter zu erreichen ist) machen ein gutes Foto aus.

Dabei bietet die SW-Fotografie in Verbindung mit einer Dunkelkammer (die Ausrüstung dafür ist recht erschwinglich) für unsere Zwecke die viel besseren Möglichkeiten. Denn in den meisten Fällen scheidet aus

Der Ausschnitt am Rande eines Ereignisses zeigt oft mehr als die »Totale«

Ein Foto muß nicht immer rechteckig – man kann es freistellen, In Anschnitt stellen oder als hellen Hintergrund unter einen Text legen

Fotografie Kostengründen der Farbdruck oder Ausstellungen mit großformatigen Farbbildern aus. Auf dem Kopierer oder für den Druck lassen sich SW-Vorlagen besser reproduzieren. Und die intensive Beschäftigung mit den Bildern in der Dunkelkammer, das Experimentieren mit unterschiedlichen Ausschnitten, Formaten und Gradationen schult unseren Blick. Mit großformatigen SW-Fotos lassen sich auch besser Fotomontagen anfertigen.

Fotokopierer dient zum einen als Vervielfältiger für Informationen in geringer Auflage (ab Auflage 100 ist Drucken billiger) und zum anderen als Hilfsmittel bei der Gestaltung: die einzelnen Elemente in unterschiedlichen Größen kopieren, um dann damit das Layout zu entwickeln.
Beim → Klebelayout läßt sich eine *Qualitätssteigerung* durch Verkleinern um eine DIN-Stufe erreichen: Text mit Schreibmaschine schreiben, Headlines mit → Abreibebuchstaben auf Papier aufbringen und ausschneiden, Platz für Fotos frei halten. Dann alle Elemente sauber auf einen DIN A 3 Bogen aufkleben und kopieren. Die Schatten, die an den Schnittkanten als feine Linien auftreten mit Tipp-Ex abdecken. Fotos kopieren, sauber beschneiden und aufkleben. Den fertig montierten Bogen auf DIN A 4 kopieren.
Einige Kopierer rastern mittlerweile auch Fotos auf Knopfdruck. Das Ergebnis ist natürlich nicht mit einem in der Druckerei gerasterten Foto zu vergleichen, bringt aber v. a. im dunklen Bereich eine wesentlich differenziertere Zeichnung

Fragebogen Klassisches Mittel zur Erhebung von Daten durch Befragung. In der Regel werden Fragen zur Zielgruppe (Identifikation), zur Information sowie Kontrollfragen gestellt. Voraussetzung ist eine genaue Kenntnis der Zielgruppen um in Sprache und Gestaltung Mißverständnisse zu vermeiden. Keine rhetorischen Fragen stellen. Den Anlaß, Zweck und den geplanten Nutzen der Fragebogenaktion erläutern, den Rückfluß der Ergebnisse immer sicherstellen und auch ankündigen. Eventuell Anreize zur Teilnahme schaffen (Verlosung von Preisen). Bei schriftlichen Befragungen ca. 14 Tage nach der Versendung nachharken (telefonieren oder durch Erinnerungsbrief), eventuell noch ein weiteres Mal nachfragen.

Gestaltungsraster

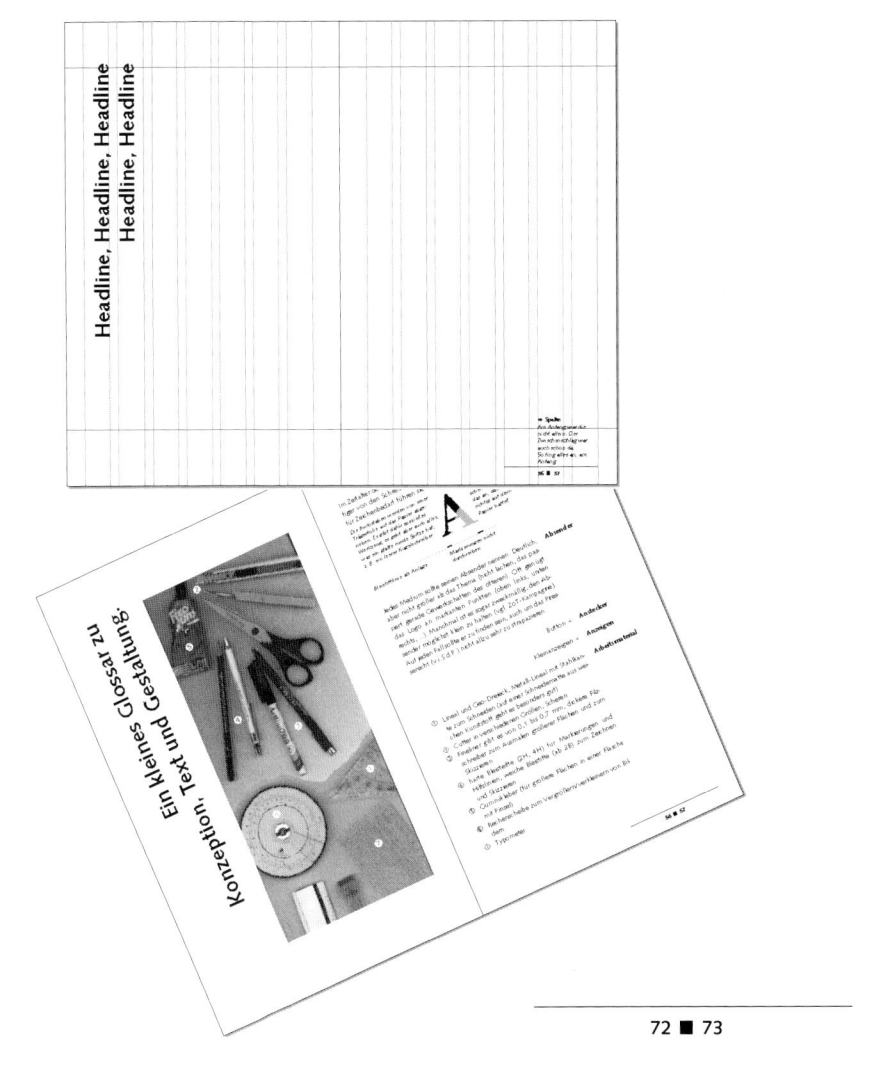

Mit Hilfe eines Rasters läßt sich eine Fläche gitterförmig in kleinere Flächen unterteilen. Als Ordnungssystem erleichtert das Raster die sinnvolle Organisation einer Fläche und schafft formale Einheitlichkeit zwischen den einzelnen Seiten einer Drucksache oder auch verschiedener Veröffentlichungen im Zusammenhang eines einheitlichen → Erscheinungsbildes (→ Layout, Umbruch)

Großfläche Eine einzelne Plakatfläche zu mieten (in den meisten Städten bei der »Deutschen Städtereklame«) kostet ca. 90,– DM für 10 Tage. Wenn der Standort gut gewählt ist, (z.B. gegenüber dem Werkstor oder im Herzen der Innenstadt) bringt das viel Aufmerksamkeit für wenig Geld. V. a. Die Aktion des Bemalens ist sehr publikumswirksam. (Tips zum Beschriften: >Transparent.)

Headline = Überschrift, → Textarten

Identität In der Öffentlichkeitsarbeit meist als »Corporate Identity« (einheitliche Identität) benutzt. Es bezeichnet die einheitliche, unverwechselbare und wiedererkennbare Wirkung von Merkmalen einer Sache, Institution, Person, usw.. Dabei wird von einer Vermittlung innerer Leitbildvorstellungen nach Außen durch das Verhalten, die Kommunikation und das visuelle Erscheinungsbild ausgegangen. Sich widersprechende oder uneinheitliche Merkmale müssen danach möglichst weitgehend beseitigt werden, um Irritationen und gegenteilige Wirkungen zu vermeiden.
(→ Image, → Erscheinungsbild).

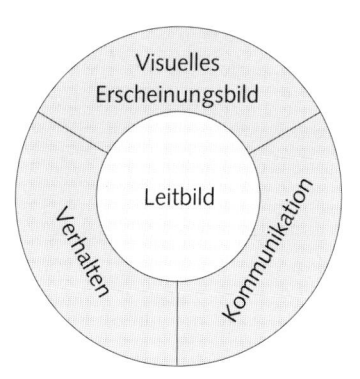

Ideenfindung

Was fällt euch zu folgenden Stichworten in Verbindung zum Begriff .... ein:
Farbe........................
Form ....
Schriftart ....
Format.....................
Material ....
Automarke...............
Getränk ....
Slogan ....
Aktion ....
Musikstar ....
Spielzeug.................
Menü ....
Tier ....

Es gibt eine Reihe von Methoden, um das Entstehen guter Ideen nicht nur dem Zufall zu überlassen (z. B. → Brainstorming). Eine ist der nebenstehende »morphologische Kasten«, der der Phantasie einen »roten Faden« gibt.

Image

Dynamisches Gesamtbild von Objekten, Institutionen, Menschen, Produkten, Veranstaltungen usw. Es setzt sich sowohl aus sachlichen wie emotionalen Bestandteilen zusammen und kommt sowohl durch eigene wie durch übermittelte Informationen durch Dritte zustande. Zur Imageanalyse lassen sich alle sozialwissenschaftlichen Erhebungsmethoden nutzen. Aufgrund seiner komplexen Zusammensetzung und langer Entstehungszeit sind Imageänderungen nur langfristig erreichbar. (vgl. → Fragebogen, → Interview, → Polaritätenprofil)

Der Blick auf diese beiden Logotypes rufen bei uns automatisch eine ganz präzise (und sehr unterschiedliche) Imagevorstellung hervor, der eine Vielzahl von Informationen und Erfahrungen zugrundeliegen.

Informationsaufnahme

83 % der Informationen die wir aufnehmen, erreichen uns über das *Auge*. Nur 11 % hören wir. Und über Geschmack, Geruch und Tastsinn nehmen wir noch weniger wahr.

Informationsgrundsätze

Der langfristige Stil aller Informationen. Eher introvertiert oder extrovertiert? So lange vertuschen wie möglich oder offen, auch wenn die Wirkung nicht planbar ist? Regelmäßig und von selbst oder nur bei Katastrophen oder Nachfragen?

Informations-grundsätze

In einer offenen Gesellschaft mit großer Bedeutung aller Medien werden verschlossene und geheime Informationsgrundsätze immer unmöglicher. Der Nachweis des Verschweigens führt darüberhinaus zu irreparablen Vertrauensverlusten.

Besonders wichtig sind in diesem Zusammenhang auch interne Informationsgrundsätze, die sich z. B. in Maulkorberlassen oder offenem und freiem Umgang mit den Informationsgewohnheiten äußern können.

Interview

Gezielte Befragung von Personen oder Gruppen zur Erhebung von sachlichen und/oder personenbezogenen Daten. Prinzipiell wird in standardisierten und freien Formen der Fragen und ihre Beanwortungsmöglichkeit unterschieden. Neben einmaliger Untersuchung sind auch regelmäßig wiederholte Interviews zur Erhebung von Langzeitentwicklungen üblich. Zur größtmöglichen Vermeidung von Verfälschungen und nicht planbaren, störenden Einflüssen sollten standardisierte Fragen im Vordergrund stehen, vor allem dann, wenn Interviewer nicht umfangreich geschult werden können. Interviews können auch als Vertiefungsinstrument bei Fragebogenaktionen eingesetzt werden.

Ist-Zustand
Soll-Zustand

Analyse der gegenwärtigen Bedingungen, Formen und Arten einer Sache, Institution, Person, o. ä. (Ist-Zustand). Notwendig zur Ermittlung von Ausgangssituationen für einen angestrebten Prozeß (z. B. der Imageänderung).

Soll-Zustand bezeichnet die auf gleiche Fragenkomplexe gerichteten zukünftig angestrebten Bedingungen, Formen und Arten einer Sache, Institution, Person, o. ä. Zur Vergleichbarkeit von Ist- und Soll-Zustand i.S. eines »Unterschiedprofils« ist die Standardisierung der Fragenkomplexe unerläßlich. Für die Öffentlichkeitsarbeit liefern die Komplexe Leitbild, Verhalten, Kommunikation und visuelles Erscheinungsbild wichtige Eckpunkte zum Ist-/Soll-Zustand.

Checkliste: Ist-Zustand

1. Gibt es klar definierte inhaltliche Schwerpunktsetzungen für abgegrenzte Zeiträume und Zielgruppen? – auf Trägerebene, – auf Einrichtungsebene (räumlich), – auf Angebotsebene (inhaltlich)
2. Gibt es für definierte inhaltliche Schwerpunktsetzungen entsprechende Konzepte für die Öffentlichkeitsarbeit?
3. Welche Medien und Mittel wurden bisher in der Öffentlichkeitsarbeit eingesetzt? Liegen dem konzeptionelle und planerische Gesichtspunkte zugrunde?
4. Wer ist für Öffentlichkeitsarbeit zuständig? Gibt es Arbeitsteilung in dieser Frage? Wenn ja, nach welchen Kriterien? Gibt es interne Abstimmungsprobleme?
5. Ist der Punkt Öffentlichkeitsarbeit Gegenstand von Teambesprechungen? Wie oft und auf welchen Ebenen? GIbt es einen Arbeitsplan mit festgelegten Arbeitsschritten und personellen Verantwortlichkeiten?
6. Gibt es Austausch und Reflexion über angewandte Medien und Mittel zwischen – hauptamtlichen Mitarbeitern, – ehrenamtlichen Mitarbeitern, – haupt- und ehrenamtlichen Mitarbeitern, – Besuchern und Mitarbeitern, – Sonstigen? Wenn ja, ist dieser Austausch organislert und institutionalisiert? Gibt es organisierte Fort- und Welterbildungsmöglichkeiten?
7. Gibt es für regelmäßige Publikationen usw. feste Verteiler, die auch ständig aktualisiert werden? Gibt es dafür personelle Verantwortlichkeiten?
8. Werden angewandte Medien und Mittel archviert, dokumentiert und reflektiert (Erfolgskontrolle)?

Klebelayout

auch Klebeumbruch; das Montieren von gesetzten Texten, Headlines, von Fotos und Abbildungen auf Papier oder besser Montagekarton. Am besten nimmt man Gummikleber (z. B. »Fixogum«). Da er nicht gleicht abbindet, hat man noch genug Zeit die einzelnen Elemente genau auszurichten. Auch läßt sich später das aufgeklebte Papier wieder vorsichtig abziehen Die fertige Montage dient als Reprovorlage, von der der Drucker einen Film erstellt, durch den dann die Druckplatten belichtet werden.

Kleinanzeigen

Da wohl meist kein Geld für normale Anzeigen in den Medien da ist, sind Kleinanzeigen eine preiswerte und originelle Möglichkeit, wobei der Witz darin liegt, sich auf das Umfeld zu beziehen und dadurch die → Streuverluste niedrig zu halten.

Kolumnentitel → Textarten

Konfrontation Gegenüberstellung von Positionen, Personen, Sachen, usw., um eine Klärung herbeizuführen und/oder Widersprüche aufzudecken. Die Zunahme der Talkshows, Pro & Contra u. ä. Konzepte zeigen, daß diese Art der Gegenüberstellung von Positionen, Personen, usw. immer beliebter geworden sind. Auch in Printmedien findet sich immer häufiger die Gegenüberstellung von unterschiedlichen Positionen. Konfrontationen sollten nicht mit »Kampf«" verwechselt werden. Über »Sieg« oder »Niederlage« entscheiden letztlich die LeserInnen, ZuschauerInnen usw., nicht aber die »MacherInnen« der Information (so sollte es wenigstens sein).

Konsensprinzip Entscheidungsprinzip auf der Basis von Übereinstimmung. Konfliktpunkte werden nicht durch Mehrheitsentscheid gelöst sondern gelten als abgelehnt, so lange sich keine Übereinstimmung erzielen läßt.
Vorteil dieses Entscheidungsprinzips ist in erster Linie die breite Basis der so gefundenen Entscheidungen mit grosser Festigkeit der daran beteiligten Personen und Gruppen (die gleichzeitig aber auch Fessel für Innovationen werden kann). Nachteil ist die Gefahr relativ langsamer Entscheidungen und geringerer Experimentierfreudigkeit sowie geringerer personeller Durchlässigkeit.

Konzeption Eigentlich meint der Begriff »Einfall«, »Entwurf« oder »Grundvorstellung«. Heute wird jedoch in der Öffentlichkeitsarbeit darunter bereits die differenzierte und abgestimmte Planung eines Gesamtentwurfs einer Kampagne, eines Auftritts in der Öffentlichkeit, o. ä. gemeint. Dazu gehören analytische Bestandsaufnahmen und Zielguppendefinitionen, Projektion von Veränderungsschritten mit Medien-, Zeit-, Ressourcen- und Kostenplänen für die Umsetzung.

Korrektur Notwendiger Arbeitsschritt (nicht nur) bei der Erstellung von Printmedien, der von geeigneten KorrektorInnen mehrmals vor der technischen Herstellung (Satz, Ausbelichtung, Druck) erfolgen muß. Die oft hektische Produktion und enge Zeitvorgaben lassen hier oft den Schlendrian einkehren. Medien mit vielen Fehlern haben jedoch eine fatale Wirkung für den Absender bezüglich Professionalität, Kompetenz und Image.

Können heute mit dem Computer und Plotter in jeder beliebigen Größe ab 15 mm Schrifthöhe hergestellt werden. Farben und Schriftarten müssen vorher angefragt werden. (→ Transparent, → ökologische Verantwortung) **Kunststoffbuchstaben**

ist – als erster Schritt – ein skizzenhaft angelegter Layout-Entwurf einer Text/Bild-Gestaltung für eine Drucksache (Flugblatt, Plakat, Broschüre, Buch). Dabei wird oft noch Blindtext (ein völlig bedeutungsloser Text, der lediglich Schriftart und -größe darstellen soll) verwendet. Bei der Gestaltung einer Broschüre, eines Buchs, einer Zeitung werden die verschiedenen Möglichkeiten, die das gewählte → Gestaltungsraster bietet, durchgespielt. Als zweiter Schritt bedeutet Layout (bei Zeitungen und Büchern auch »Umbruch« genannt) die Montage von Texten, Überschriften, Fotos. als Druckvorlage. Das geschieht als → Klebelayout oder mit dem Grafik-Computer(→ DTP). **Layout**

→ Selbstverständnis **Leitbild**

= Zeichen, Wortmarke, → Signet **Logotype**

Im grafischen Sinn: Verändern einer Bildvorlage, eines Fotos z. B. durch Fotomontage, durch Verfremdung und grafische Effekte in der Dunkelkammer oder mit **Manipulieren**

Manipulieren

dem Fotokopierer. Beispiel: wenn die Vorlage auf dem Kopierer während des Kopiervorgangs bewegt wird, läßt sich damit der Eindruck von Bewegungsunschärfe erzielen.

Als »Beeinflussung« oder gar »Steuerung« fremden Verhaltens ist die Manipulation überall bekannt und verachtet, vollzieht sie sich besonders (oft unbemerkt) in Politik, Werbung und Publizistik mit immer subtileren Formen (z. B. Produkt Placement).

Manipulation dient jedoch auch ebenso dazu, neue Anreize zu liefern, die sozialpsychologische Einstellungs- und Verhaltensänderungen bewirken sollen, indem Prestige sowie sozialer und moralischer Druck eingesetzt werden. Für ebenso viele positive Ziele (z. B. Ökologie, Soziales) wie negative Absichten (Gewinn auf Kosten anderer, Ausgrenzung, usw.).

Manuskript (ursprünglich »Handschrift«) sollte besser ein Typoskript sein. Zeilenabstand und Spaltenbreite für alle Texter einheitlich festlegen: das erleichtert das Kalkulieren der Textmenge. Genug Platz für Korrekturen lassen.

Medien Kommunikationsmittel zur Verbreitung von Meinungen, Nachrichten, Bildungsinhalten, usw. durch Rede, Bilder und Zeichen, die sowohl persönlich als auch in konservierter Form größeren Gruppen der Gesellschaft übermittelt werden. Die Art der Medien ist schier unerschöpflich und kann mittels geeigneter Kreativmethoden (z. B. Morphologischer Kasten, rechts) ständig erweitert werden. Entscheidend ist jedoch die Integration von Zielen, Zielgruppen und Medien in ein stimmiges Medienkonzept bzw. in einem Medienplan.

Medienliste

Anfrage
Ansprache
Anstecknadel
Anzeige
Arbeitsgruppe
Artikel
Audiocassette
Audiovision
Aufkleber
Aushang
Auskunft
Ausschußtätigkeit
Ausstellung

Beilage
Bekanntmachung
Beratung
Besichtigung
Besuche
Betriebsfest
Betriebsgruppenzeitung
Betriebsversammlung
Bild
Bildschirmtext
Brief
Broschüre
Buch
Buttons

Demonstration
Design
Dias
Dia-Reihe
Dia-Schau
Diskussion
Display
Dokumentation

Einladung
Einweihung
Einzelgespräch

Fachbuch
Fahrten
Faltblatt
Feature
Fernschreiben
Festschrift
Festveranstaltung
Film
Filmverleih

Firmenbeschreibung
Flagge
Flugblatt
Foto
Fotodienst
Fragebogen
Freizeitclub
Führung

Gästebetreuung
Gespräch
Glückwunschkarten
Gruppendiskussion

Handbuch
Handzettel
Hauszeitung
Hörerzuschrift
Hörfunkspot

Illustration
Informationsreise
Informationstafel
Informationszentrum
Infostand
Interne Schulung
Interview (geben)
Interview (vermitteln)

Jahresbericht
Jubiläum
Jubiläumsschrift
Jubilar-Ehrung

Kleidung
Kongreß
Kulturelle Veranstaltung
Kundenzeitschrift

Lehrmittel
Leserbrief
Leuchtschrift

Messe
Mitarbeiterbrief
Multivision
Mundpropaganda

Nachbarschaftsfest

Periodika
Plakat
Podiumsdiskussion
Poster
Präsentation
Praktikantenprogramm
Preisausschreiben
Preisverleihung
Pressedienst
Pressegespräch
Pressekonferenz
Pressemitteilung
Pressespiegel
Prospekt

Rede
Referat
Reportage
Rollenspiele
Round-Table-Gespräch
Rundschreiben

Sammlungen
Schallplatte
Schaubild/Grafik
Schriftenreihe
Schwarzes Brett
Selbstdarstellung
Seminar
Signet / Logo
Sketche
Sonderdruck
Song- und Theatergruppen
Sozialbericht
Sozialbilanz
Spende
Spiele
Sportveranstaltung
Stammtisch
Stellenanzeige
Streik
Studie
Symposium

Tag der offenen Tür
Tagungen
Telefondienst
Telefonkette
Text- und Liederwettbewerb

Medienliste	Theater (Straßen-)	Unterschriftenliste	Wandzeitung
	Tonbildschau		Werbegeschenk
	Transparente	Veranstaltung	Werbespot (TV)
	Trikotwerbung	Versammlung	Wettbewerb
		Videocassette	Workshop
	Umfrage	Vorschlagswesen	
	Unterrichtstätigkeit	Vortrag	Zeitungskasten

Name → Titel

Öffentlichkeitsarbeit Nicht nur Flugblatt, Handzettel, Plakat und Pressemitteilung sondern: Alle Maßnahmen zur Analyse und Herstellung einer einheitlichen, unverwechselbaren und wiedererkennbaren Identität einer Institution, Person, eines Projektes, u. ä. Vom geklärten Leitbild über dazu stimmiges Verhalten, angemessene Kommunikationsformen und ein am Leitbild orientiertes visuelles Erscheinungsbild. Nur auf der Basis eines solchen integrierten Verständnisses von Öffentlichkeitsarbeit lassen sich dauerhafte Wirkungen durch Öffentlichkeitsarbeit erzielen.

Ökologische Verantwortung Die durch Öffentlichkeitsarbeit und Werbung fast täglich wachsende Flut von sinnlichen (meist visuellen) Reizen scheint bar jeder ökologischen Verantwortung. Streuverluste von Werbung sind ökologische Belastungen und Ressourcenverschwendung. Für jedes Ziel sollten Konzepte und Medienplanungen auf ihre ökologische Verträglichkeit hin überprüft werden (vom eingesetzten Material, Herstellungsverfahren bis hin zur Frage der Treffsicherheit durch Inhalt und Gestaltung, der Auflagen, Verteilung und Wiederverwertbarkeit).

Objektiv/Subjektiv »Das gefällt mir, das gefällt mir nicht!« reicht nicht aus, um Gestaltung und deren Wirksamkeit zu beurteilen. Geschmack muß anhand verschiedener objektiver Kriterien entwickelt werden. Dabei geht es vor allem darum, die richtigen Fragen zu stellen: Was ist unsere Zielgruppe? Was ist die zentrale Aussage? Paßt die Gestaltung mit unserem Erscheinungsbild zusammen, ist Wiedererkennbarkeit gegeben? Dient jedes Element der Gestaltung den verfolgten Zielen?

Offener Brief

Die veröffentlichte Form der persönlichen Ansprache, kein Ersatz für Flugblatt. Diese Form bietet die Chance des *persönlichen* Argumentierens und die Möglichkeit »Roß und Reiter zu nennen«. Je prominenter Absender und/oder Empfänger des Briefes sind, desto höher die Aufmerksamkeit.

Papier

Die Eigenschaften des gewählten Papiers sind ein wichtiger und oft unterschätzter Teil des ästhetischen Gesamteindrucks einer Drucksache.
Papierfarbe: es gibt Papier in vielen Farben und auch bei weißem Papier gibt es viele feine Abstufungen. Sogenanntes »Umweltpapier« (Recyclingpapier, chlorfrei gebleichtes Papier) ist inzwischen nicht mehr nur in grau sondern auch in Weiß erhältlich. (→ Farbe)
Papierqualität: damit ist hier die Oberfläche, der »Griff« gemeint. Das reicht von glänzender Oberfläche bis zu Strukturpapieren (z. B. Leinenstruktur) und Naturpapieren, die in ihrer Oberfläche zeigen, wie sie hergestellt wurden (z. B. Büttenpapier, mit dem Abdruck des Netzes, mit dem der Papierbrei aus der Bütte geschöpft wurde). Die Wahl des Papiers wird durch die Anforderungen des Drucks (Vierfarbendruck erfordert eine glattere Oberfläche) und durch Thema und Verwendung der Drucksache bestimmt .
Papiergewicht wird in g pro m^2 angegeben. Zum Vergleich: normales Briefpapier hat 80 g/m^2.
Papiermuster zur vergleichenden Auswahl hat jede Druckerei oder Papiergroßhandel.

Parolen

Weg mit Leerformeln! »Gemeinsam sind wir stark« bewirkt höchstens bedächtiges Kopfnicken und »Solidarität mit…« ist parolenmäßig mega-out.

Plakat

Es gilt das, was für alle Medien gilt, die schnelle Aufmerksamkeit erregen müssen, wie → Falt-, Flugblatt: möglichst wenig Text, deutliche Headline, »Eyecatcher« (witziges, auffälliges Foto, gut gestaltete Zeichnung/ Grafik). Und: lieber auf ein durchschnittliches Foto verzichten und dafür Mühe und Phantasie auf originelle

Plakat	und gut lesbare Typografie (= Schriftgestaltung) verwenden. Die Größe eines Plakats wird durch Einsatzzweck bestimmt. Ein Plakat, das größer ist als DIN A 2, wird man schlecht zum Aushängen in Läden und Kneipen los.
Postkarte	1. als Mischung aus → Offenem Brief und Unterschriftensammlung. Möglicherweise sind Absender und Empfänger davon stärker beeindruckt, als von einer Unterschriftenliste (man wir es nie erfahren), allerdings ist für den Initiator der Postkarten-Aktion der Rücklauf nicht gut zu messen. 2. als Dialogmedium (Antwortpostkarte) 3. als Werbeträger v. a. in Zeiten, wenn viele Postkarten geschrieben werden (Festtage). Funktioniert allerdings nur gut, wenn das Postkartenmotiv originell ist.
Polaritätenprofil	Sozialwissenschaftliche Erhebungsmethode zur Messung von Einstellungen und Meinungen zur Beurteilung von gegensätzlichen Aussagen (z. B. »schnell – langsam«). Beim Aufbau solcher Gegensatzpaare sollten zwischen 8 und 10 gegensätzliche Begriffe gewählt werden, die sowohl sachliche wie emotionale Fragen enthalten können. Kontrollfragen sind wichtig, um die Aussagefähigkeit kontrollieren zu können und ggf. Widersprüche aufdecken zu können. Für jedes Gegensatzpaar sollten 7 Felder zur persönlichen Gewichtung angeboten werden.

unbürokratisch							bürokratisch
schnell							langsam
unflexibel							flexibel
informationsfreudig							informationsfeindlich
unpolitisch							politisch
selbstkritisch							überheblich
blockiert							motiviert
zuverlässig							unzuverlässig
unabhängig/offen							abhängig/verfilzt
angsteinflößend							Vertrauen ausstrahlend
interessant/innovativ							langweilig
teuer							sparsam
fortschrittlich							konservativ

Aufstellung, Auswertung und Interpretation sollte mit Fachleuten der Soziologie erfolgen. Auch hier sind alle Grundregeln von Dialogorientierung einzuhalten.
(→ Dialog, → Fragebogen)

Pressearbeit

Oberste Grundregel: Nur wer wirklich Neues zu sagen hat, sollte sich an die Presse wenden. Selbstdarstellungen allseits bekannter Positionen verärgern JournalistInnen und schaden allen zukünftigen Aktionen. Kurz und knapp das Wichtigste, mit zitierfähiger wörtlicher Rede und spannender Sprache. Pressekonferenzen nur bei wichtigen Themen und Anlässen, möglichst gegen 11.00 Uhr vormittags und so kurz wie möglich. Hintergrundmaterial und Fotos bereithalten. Einladungen zu Pressekonferenzen nicht zu früh versenden (3 Tage vor dem Termin reicht völlig).

Pressefeste

sind hervorragende Möglichkeiten zur Stärkung der LeserInnenbindung durch Dialogorientierung und zur Gewinnung neuer MitarbeiterInnen (bei ehrenamtlicher Redaktionsarbeit). Hier können Grenzen, die durch das Medium »Zeitung« gesetzt werden, überschritten werden und ein ganzheitliches, sinnliches Erlebnis organisiert werden (Essen, Trinken, Life-Musik, Diskussionen, Kabarett, u. ä.). Außerdem stärken sie den Zusammenhalt der »MacherInnen«. Nicht alles selbst machen, möglichst viel an StammleserInnen, befreundete Projekte, usw. delegieren. Zum Mitmachen anregen. Ein Motto ist gut und hilft beim Ideen-Sammeln.

Prognose

Vorausschauende Beurteilung über Verlauf und Eintritt eines Ereignisses und/oder einer zukünftigen Entwicklung. In der Regel durch statistische Daten, wissenschaftlich begründete Hypothesen oder Untersuchungen abgesichert. Relativ leicht bei »harten« Daten (z. B. Bevölkerungsentwicklung nach Alter und Geschlecht), schwierig bei »weichen« Daten (z. B. Werte und Einstellungen). Für Zieldefinitionen und langfristige Kampagnen ist die Auseinandersetzung mit Prognosen unerläßlich auch wenn sie unterschiedlich oder sogar widersprüchlich sind. Die »Gutachtergläubigkeit« der Politik und Justiz beweist den großen Stellenwert und Einfluß von Prognosen. Krititsche Betrachtung bei jeder Prognose (auch der eigenen), denn jede Prognose ist eine Annahme, kein Beweis. Statistische Daten sind meist kostenlos bei den statistischen Ämtern, bei allen Anzeigenabteilungen großer Zeitschriften (z. B. Axel Springer Verlag) oder in Bibliotheken zu erhalten.

Proportionen hier: die Größenverhältnisse einzelner Elemente einer Gestaltung (Textblöcke, Headline, Bilder…) zueinander. Es lassen sich hier keine allgemeingültigen Regeln aufstellen (z. B. Goldener Schnitt). Am besten ausprobieren: alle Elemente in unterschiedlichen Größen kopieren und auf Blatt hin- und herschieben.

Punkt typografischer Punkt: Maßeinheit für die Schriftgröße, gemessen an der Versalhöhe; leider gibt es unterschiedliche Normen. In Deutschland gibt es den »Berthold-Punkt« nach DIN: 1 Punkt entspricht 0,375 mm. Bei Schriften die im DTP verwendet werden, liegt die amerikanische Norm zugrunde: 1 DTP-Punkt entspricht 0,353 mm. Dieser Unterschied erscheint gering, summiert sich aber auf einer ganzen Buchseite zu deutlich sichtbaren Unterschieden. Auch der → Durchschuß wird in Punkt angegeben.

Diese Schrift ist in 7 Punkt gesetzt.
② ① Diese Schrift ist in 12 Punkt gesetzt.
① *Versalhöhe* ② *Durchschuß*

Qualität Wer gute und qualifizierte Arbeit von anderen erwartet, sollte selbst auch saubere Arbeit abliefern. Und das heißt zum Beispiel: einen Text fehlerfrei tippen, ein funktionstüchtiges Farbband verwenden und Zeilen gerade aufkleben.
Darüberhinaus gilt: die Qualität wird auch durch die Zielgruppe bestimmt, ein Flugblatt für Bankangestellte wird anders aussehen, als ein Aufruf zu einer spontanen Aktion, dem man die Geschwindigkeit, mit der er produziert werden mußte, auch ansehen soll.

Raster

Verfahren zur Wiedergabe von *Halbtönen* (die unterschiedlichen Grauwerte bei einem Foto o. ä.) im Druck. Dabei wird das Bild in unterschiedliche große *Rasterpunkte* zerlegt. Das kann auf optischem Wege geschehen: beim Fotografieren mit der Reprokamera liegt zwischen Vorlage und Aufnahmematerial (Film oder Papier) eine Glasplatte, in die ein feines Netz sich kreuzender Linien eingeätzt ist. Durch die Lichtbrechung wird das Foto »aufgerastert«. Diese Art der *Lithoherstellung* ist weitgehend durch ein elektronisches Verfahren – das Scannen – abgelöst worden: im →Scanner wird das Bild mit Laserstrahl und Fotozelle oder durch eine Leiste mit vielen nebeneinaderliegenden Fotozellen zeilenweise abgetastet und digitalisiert, d. h. jeder Rasterpunkt wird in Größe und Position beschrieben. Das bietet den großen Vorteil, daß die Bilder mit dem Computer weiterbearbeitet und in das Layout am Bildschirm eingebaut werden können. (→DTP)

Die *Rasterweite* (Anzahl von Rasterpunkten pro Fläche) wird in Linien pro Zentimter (l/cm) gemessen.

̄eitungen auf rauhem Papier und mit ′r Geschwindigkeit gedruckt werden, nur ein recht grobes Raster gedruckt ′en, hier 28 l/cm.

Das gleiche Bild mit 54 l/cm gedruckt.

Durch grobes Punktraster oder unterschiedliche Rasterformen (mit dem DTP-Computer erzeugt) lassen sich auch interessante grafische Wirkungen erzielen.

Recht

Öffentlichkeitsarbeit und Werbung unterliegen sehr unterschiedlichen Rechtsnormen. Neben dem Presserecht (v. i. S. d. P.) vor allem dem Urheberrechtsschutz, dem Wettbewerbsrecht, den Persönlichkeitsschutzrechten und - bei gewerkschaftlichen Projekten fast immer - dem Arbeitsrecht. Da die meisten Regelungen aber sehr allgemein formuliert sind, hat sich eine Rechtsprechung auf der Basis von Einzelfällen entwickelt, die nur noch durch gute Fachanwälte überblickt werden kann. Provokationen, die bewußt auf die Grenzen dieser Rechtsnormen zielen, können dabei große Aufmerksamkeitserfolge erringen (z. B. Benetton), aber auch teure Konsequenzen (Schadensersatzansprüche) haben. In Zweifelsfällen ist eine Beratung bei Fachanwälten dringend zu empfehlen. Vorsicht bei der Verwendung fremden geistigen Eigentums: Fotos, Karikaturen, Texte, Software-Programme, Schriften, usw. sind in der Regel urheberrechtlich geschützt. Klauen ist immer strafbar, auch wenn es gemeinnützig begründet ist. Bei gekauften Rechten (z. B. Foto für eine Kampagne) unbedingt auf Schutzrechte der exklusiven Verwendung achten, um Verwechslungen durch andere NutzerInnen auszuschließen.

Redaktion

meint hier die Organisation und Arbeitsteilung, die notwendig ist, um mit möglichst wenig Fehlern und Chaos eine Publikation zu erstellen. Mögliche Arbeitsbereiche:
– Beschaffung und Koordination von Textbeiträgen
– Beschaffung von Bildern
– stilistische, redaktionelle Bearbeitung der Texte, Überschriften
– Satzkorrektur (tunlichst nicht durch den, der den Text geschrieben/getippt hat)
– Layout, Umbruch
Bei Zeitungen/Zeitschriften ist zusätzlich zu beachten:
– Welche Texte müssen für feste Rubriken geschrieben werden?
– Soll es ein Heft- oder Titelthema geben?
– Wer schreibt die Einlauftexte, Bildtexte usw.?
– Druck- und Satztermin mindestens 3 Wochen vor dem Erscheinungstag absprechen.

Satz ist die typografische Gestaltung von Texten für den Druck. Das kann mit einem →DTP-Computer oder durch eine Setzerei erfolgen. Bei letzterem sind genaue und eindeutige Angaben sehr wichtig (gut lesbares Manuskript, Angaben zu Schriftart und -größe, →Durchschuß, Satzbreite, Satzart). →Spalte, →Satzspiegel

Satzarten

Dies ist *linksbündiger Flattersatz*. Die Wortabstände sind gleich, wodurch sich ein gleichmäßiges Schriftbild und wenig Trennungen ergeben.

Rechtsbündiger Flattersatz ist wesentlich schlechter zu lesen und eignet sich deshalb nur für kleine Textmengen wie Bildlegenden und Anmerkungen.

Beim *Blocksatz* ist die Satzbreite, das ist die maximale Zeilenlänge, festgelegt. Der Ausgleich erfolgt durch unterschiedliche Wortabstände. Besonders bei schmalen Spalten ergeben sich dadurch leicht Löcher im Schriftbild oder Trennungen in Folge.

Dies ist *Formsatz*. Er heißt so weil er sich einer Form anpaßt. Es sieht zwar nett aus, ist aber schlecht zu lesen und eignet sich deshalb auch nur für kurze Texte.

Zentrierter oder *mittelaxialer Satz* eignet sich auch nur für kurze Texte und wirkt leicht etwas altertümlich.

Satzspiegel

Die bedruckte Fläche einer Buch- oder Zeitungsseite – hier grau unterlegt.
Daß diese Fläche einen rechteckigen Block in der Mitte der Seite bildet, war durch die alte Technik des Bleisatzes bedingt und ist damit zu einer ästhetischen Regel geworden.

Satzfehler	Die beliebtesten Satzfehler wollen wir hier nicht machen, sondern zeigen wie es richtig ist:
- *Anführungszeichen* sehen in Deutschland nur »so« oder „so" aus.
- *Trennungstrich* (Divis) ist kurz und wird nur für Trennungen, Konstruktionen wie »Satzart und -länge« und zusammengesetzte Wörter verwendet.
- *Gedankenstrich* ist lang und taucht – außer beim Denken – auch bei Zahlen auf: 1990 – 93   DM 35,–
- *Telefon- und Fax-Nummern* werden in Zweiergruppen von hinten abgeteilt, *Kontonummern* in Dreiergruppen von vorne, wobei der Abstand deutlich geringer als ein normaler Wortabstand ist:
Telefon: 05 11/2 10 12 34
Konto-Nr.: 123 456 Bankleitzahl: 250 500 50
- Nicht mehr als zwei *Trennungen* in Folge.
- Bei DTP passieren leicht Tren-nungen in der Zeile
Schreibmaschine	Im Unterschied zu Satzschriften (Computer) sind die Buchstabenabstände hier alle gleich. Mit elektrischen Schreibmaschinen der höheren Preisklasse kann man auch Blocksatz machen, allerdings sieht der nicht sehr toll aus. Im Zeitalter von DTP und Computer hat die Gestaltung mit Schreibmaschine schon geradezu etwas Persönliches bekommen. Schreibmaschinenschrift hat in der Vergrößerung eine reizvolle Ästhetik.
Schriftgröße	→ Punkt
Schriftschnitt	Bei Satzschriften bilden die unterschiedlichen Schriftschnitte eine Schriftfamilie: Syntax regular Times normal *Syntax italic* *Times kursiv* **Syntax bold** **Times fett** **Syntax black** ***Times fett kursiv*** **Syntax ultra black**
Selbstverständnis	Der »harte Kern« einer Identität, einer Person, Institution, Gemeinschaft, eines Projektes. Es besteht aus klaren

Positionen zu:
- Absatz-, Programm- und Angebotsfragen, Organisations-, Führungs- und Personalsstruktur
- Finanzen
- PartnerInnen und KonkurrentInnen (Umwelt im weiteren Sinne)

Zu allen 4 Kategorien sind klare Positionen zwingend. Kein Komplex darf weggelassen werden. Nur ein geklärtes Selbstverständnis/Leitbild ermöglicht ehrliche, treffsichere, unverwechselbare und wiedererkennbare Wirkungen durch Kampagnen, Medien, persönliche Auftritte usw. Zur Klärung des Selbstverständnisses/Leitbildes sind meist langfristige Prozesse nötig, zu denen externe Unterstützung fast unverzichtbar ist (Organisationsberatung, Zielfindung, Finanzberatung).
(→ Externe Beratung).

HITACHI = Bildmarke **Signet**

PIONEER
KENWOOD
Virginia Commonwealth University
SANYO

Ein gelungenes Ornament, das die Buchstaben originell einbindet und gut auf Radkappen oder Lenkrad paßt

Häßliche Schrift durch Schraffierung unleserlich gemacht und trotzdem funktioniert's, weil wir es so oft gesehen haben.

VW
IBM

Es ist schwierig, unverwechselbare Zeichen zu gestalten. Das Signet ist daher immer im Zusammenhang mit dem ganzen Erscheinungsbild zu sehen

◄——— Dies ist die Spaltenbreite dieser Spalte ———► **Spalte**
Bei zu langen Zeilen schafft das Auge am Zeilenende **Spaltenbreite**
nicht den Sprung zum folgenden Zeilenanfang. Bei zu kurzen Zeilen müssen häufig Worte getrennt werden, die Folge sind verstümmelte Sätze. Die optimale Zeilenlänge beträgt 38 bis 45 Zeichen.

Im Rahmen von Kampagnen können Freistempler **Stempel**
(Frankiermaschinen) mit entsprechenden Aussagen verwendet werden. Und ein schlichter Stempel bringt Parole oder Logo auf alles, was aus Papier ist.

S

Subheadline → Textarten

Streuverlust ein Fachausdruck aus der Werbesprache, der die Zielsicherheit von Werbung beschreibt. Je größer die Übereinstimmung der Empfänger einer (Werbe-)Botschaft – z. B. Zuschauer eines Fernsehprogramms – mit der gewünschten Zielgruppe – z. B. potientielle Autokäufer – , desto geringer der Streuverlust.

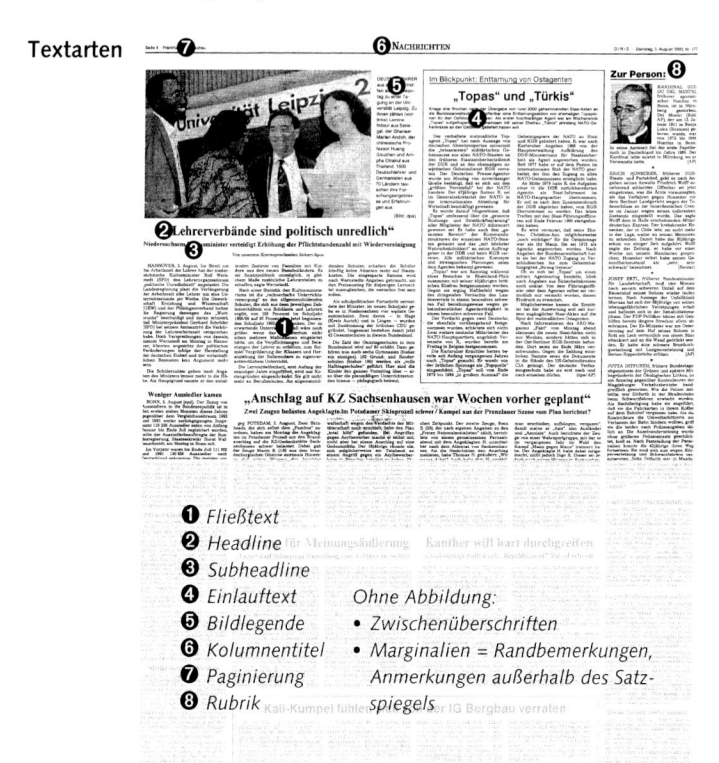

Textarten

❶ Fließtext
❷ Headline
❸ Subheadline
❹ Einlauftext
❺ Bildlegende
❻ Kolumnentitel
❼ Paginierung
❽ Rubrik

Ohne Abbildung:
- Zwischenüberschriften
- Marginalien = Randbemerkungen, Anmerkungen außerhalb des Satzspiegels

Texterfassung das Schreiben von Texten mit dem PC unter Verwendung eines Textprogramms für die Weiterbearbeitung mit einem DTP-Programm. Speichern sie die Textdatei am besten unformatiert (»Text«, »ASCII«). Auch wenn Sie nicht mit DTP arbeiten, lohnt sich die Texterfassung: die meisten Setzereien können die Daten übernehmen. Für die Findung von Namen und Titeln für Aktionen,

Zeitungen, Gruppen usw. gibt es keine Regeln außer der, mit einem Höchstmaß an Phantasie vorzugehen. Am Besten beginnt man mit einem → Brainstorming.	**Titel, Name**
Banal aber wichtig: vorzeichnen! Auf Stoff geht das am besten mit Bleistift. Eine andere Möglichkeit sind Schablonen. Man kann sie sich selbst aus Karton herstellen, auf den jeweils ein großer Buchstabe kopiert und dann ausgeschnitten wird. Besonders wetterfeste und dauerhafte Transparente: Trägermaterial aus LKW-Plane (gibt's in vielen Farben, zugeschnitten, umgenäht und mit Ösen versehen), selbstklebende → Kunststoff-Buchstaben aus dem Computer-Schriften-Shop.	**Transparent**
→ Punkt	**Typografisches Maßsystem**
= Headline, → Textarten	**Überschrift**
Einteilung des Schrifsatzes auf die Seiten für den Druck (→ Klebeumbruch, → DTP-Umbruch, → Layout)	**Umbruch**
→ Fotokopierer	**Vergrößern, Verkleinern**
Die Wahl des Mediums und die Form der Verteilung wird v. a. von der >Zielgruppe bestimmt. Adressendateien (Verteiler) müssen ständig gepflegt, überprüft, aktualisiert werden.	**Verteilung**
→ Erscheinungsbild	**visuelles Erscheinungsbild**
schnelle Form der Information und des Dialogs, bei Wandzeitung als Dauereinrichtung (Schwarzes Brett) darauf achten, daß die einzelnen Anschläge immer aktuell und interessant bleiben.	**Wandzeitung**
ist die absichtliche und zwangfreie Form der Beeinflussung bestimmter Zielgruppen für Werbeziele wie z. B. Gewinn, Verkaufssteigerung, Mitgliederwerbung, Kre-	**Werbung**

| Werbung | dit-/Förderungswürdigkeit usw. Methode ist in der Regel die einseitige Darstellung der Vorteile eines Produktes, einer Dienstleistung, einer Institution unter Verschweigen ihrer Nachteile. |

| **Wiedererkennungswert** | → Erscheinungsbild |

| **Zeilenabstand** | → Durchschuß |

| **Zielgruppen** | Durch gemeinsame Merkmale gekennzeichnete Teilgruppe einer Gesellschaft. Zu den Merkmalen sollten sowohl »harte« Daten wie Alter und Geschlecht, soziale und ökonomische Stellung als auch »weiche« Daten wie Werte, Muster und Einstellungen gehören. In der Zielgruppenforschung hat ein solches komplexes »Lebensstil-Modell«, das Klassen- und Schichtmodelle weitgehend abgelöst. Für die Öffentlichkeitsarbeit sind die »weichen« Elemente (Einstellungsmuster, Werte, usw.) einer Lebensstil-Zielgruppe oft wichtiger als die »harten« Daten (wie z.B. Alter oder Einkommen). |

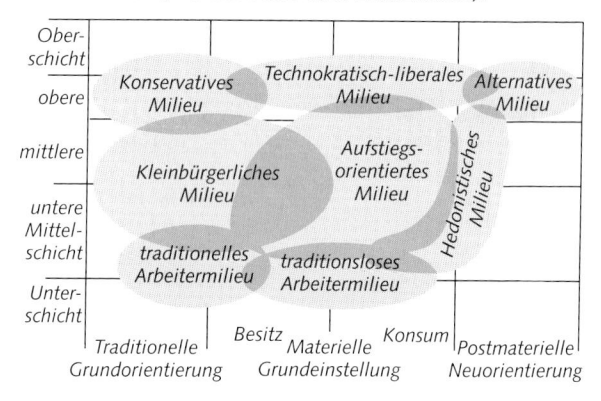

	Oberschicht / obere / mittlere / untere Mittelschicht / Unterschicht
Konservatives Milieu	Technokratisch-liberales Milieu	Alternatives Milieu
Kleinbürgerliches Milieu	Aufstiegsorientiertes Milieu	Hedonistisches Milieu
traditionelles Arbeitermilieu	traditionsloses Arbeitermilieu	
Traditionelle Grundorientierung	Besitz Materielle Grundeinstellung	Konsum	Postmaterielle Neuorientierung

Jedes Projekt sollte die Frage »Für wen« (und: »Für wen nicht«) klar beantworten können und die Erkenntnisse der neuesten Lebensstilforschungen dabei berücksichtigen.

| **Zwischenüberschrift** | → Textarten |

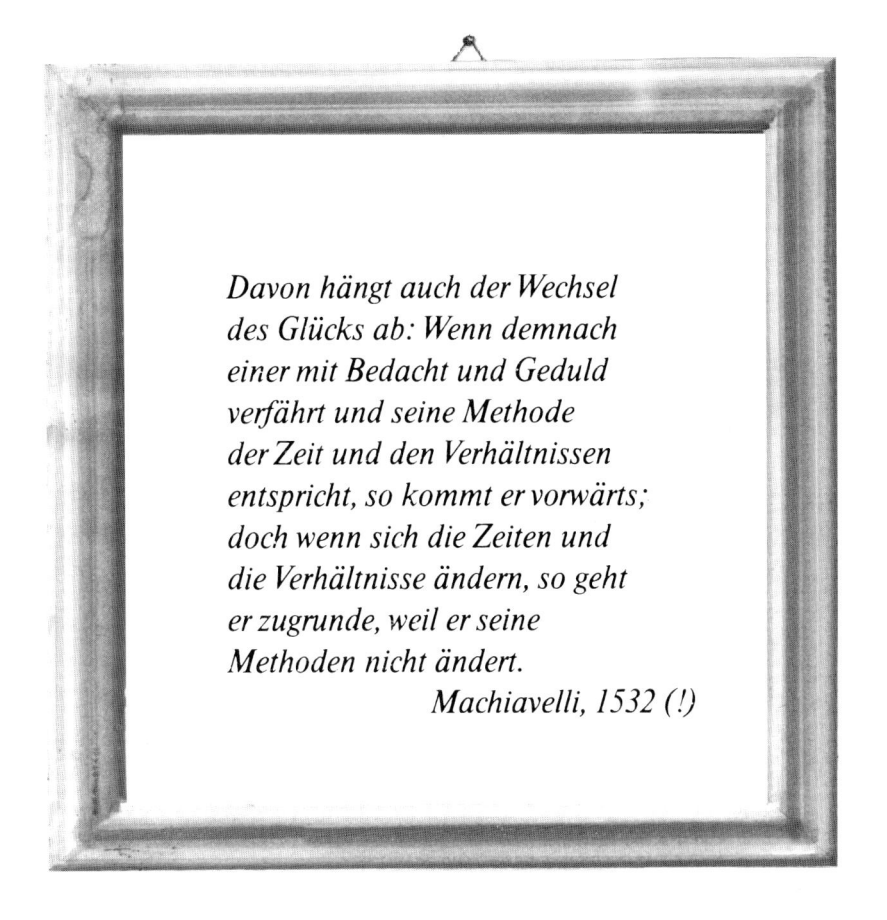

Davon hängt auch der Wechsel des Glücks ab: Wenn demnach einer mit Bedacht und Geduld verfährt und seine Methode der Zeit und den Verhältnissen entspricht, so kommt er vorwärts; doch wenn sich die Zeiten und die Verhältnisse ändern, so geht er zugrunde, weil er seine Methoden nicht ändert.

Machiavelli, 1532 (!)

Alles nur Tricks? Scharlatane? Geschäftemacher?

Seit 1985 unterstützen wir Verbände, Klein- und Mittelbetriebe, Kommunen, Betriebsräte, Verwaltungen usw. professionell bei der Entwicklung und Organisation integrierter Kommunikations- und Entscheidungsprozesse. Meist langfristig.

Von der Konfliktanalyse über Prognosen zukünftiger Entwicklungen bis zum Produkt und seinem visuellen Erscheinungsbild. Von der Marktanalyse bis zum Faltblatt oder zur Pressemitteilung. Vom Problem bis zum Design. Nach innen wie nach außen.

Auch in Form von Fortbildungen und Workshops. Für 90 DM pro Stunde oder 1.200,- DM pro Tag. Alles weitere gern am Telefon.

Praxis Institut

Agentur für Öffentlichkeit

Richard-Wagner-Straße 11-13
D 28209 Bremen

Telefon 0421-34 00 91
Telefax 0421-349 92 67

SachBuchService Kellner

Postfach 21 27
44511 Lünen

Fon: 02306/5 444 5
Fax: 02306/5 03 11

Wir empfehlen und liefern Sachbücher und Kommentare für Betriebsräte, Personalräte, Gewerkschaften und Beschäftigte: von allen Verlagen.

Bestellung auch per Fax und Telefon möglich.

SachBuchVerlag Kellner

Praktische Ratgeber und Arbeitshilfen zur Erleichterung der Betriebsratstätigkeit und Personalratsarbeit:

- ▶ Büro-Ordner für Betriebsräte
- ▶ Büro-Ordner für Personalräte
- ▶ BAT: Richtig eingruppiert ?
- ▶ Das AntiKündigungsbuch
- ▶ Öffentlichkeitsarbeit: Handbuch
- ▶ Der "Gestaltungskoffer" dazu
- ▶ Betriebsräte-Handbuch
- ▶ Personalräte-Handbücher
- ▶ für Bund und jedes Land

Bücher für eine gerechte Arbeitswelt